특별히 ___________ 님께
이 소중한 책을 드립니다.

영성을 살리는

지혜의 힘

사무엘 초우 지음

영성을 살리는 지혜의 힘

지은이 | 사무엘 초우
옮긴인 | 조승호
발행인 | 김용호
발행처 | 나침반출판사

발행일 | 2014년 7월 20일 재발행

등 록 | 1980년 3월 18일 / 제 2-32호
주 소 | 157-861 서울 강서구 염창동 240-21
　　　　블루나인 비즈니스센터 B동 1607호
전 화 | 본　 사(02)2279-6321
　　　　영업부(031)932-3205
팩 스 | 본　 사(02)2275-6003
　　　　영업부(031)932-3207

홈페이지 | www.nabook.net
이 메 일 | nabook@korea.com
　　　　　nabook@nabook.net

ISBN 978-89-318-1422-4
책번호 가-3097

값은 뒷표지에 있습니다.

지혜와 함께하는 영성여행

하나님께서는 말씀으로 세상을 창조하시고 사람을 지으셨다. 하나님은 이야기를 좋아하신다. 사람이 이야기를 할 때 하나님께서 다가오신다. 그분은 이야기 듣기를 좋아하신다.

말라기서 3장16절에 이렇게 기록되었다.

"그때에 여호와를 경외하는 자들이 피차에 말하며 여호와께서 그것을 분명히 들으시고."

유대인의 가르침에 근거하면, 이야기하는 것은 토라를 읽고 연구하는 것, 혹은 기도와 똑같이 신성한 행위이다. 또한 하나님을 찬송하는 것과 같다.

이 책에 나오는 대부분의 이야기들은 나의 박사과정의 지도교수인 벨덴 레인(Belden Lane)박사께서 강의 때 그리고 설교 때 들려주었던 것들이다. 나 또한 처음부터 끝까지 사실대로 독자 여러분들께 이야기를 들려드린다.

이 책의 이야기의 대부분은 많은 유대교의 전통에서 나온 것인데 나는 이것을 기독교의 관점에서 서술하였다. 가능하면 이야기의 본래 모습을 보존하려고 애썼으나 필요하다고 여겨질 때는 각색했다.

이야기를 듣고 난 후에는 지혜를 통해 얻은 영적인 깨달음을 기록하였다. 이 책을 읽는 모든 독자들은 30일 동안 깊고 충만한 영성 여행을 체험하게 될 것이다.

사무엘 초우

차 례

예수님께서 남기신 필적을 유념하라

형제들아 너희는 삼가 혹 너희 중에 누가 믿지 아니하는 악한 마음을 품고 살아 계신 하나님 에게서 떨어질까 조심할 것이요 히브리서 3:12

 람들이 만약 스스로 의롭다고 여기도록 하는
종교에 조심한다면,
그들은 하나님을 이해하기 시작할 것이고
교회당 울타리 밖에서 그분을 체험하게 되고
또 여러 연약한 사람을 불쌍히 여기는 것을 잊지 않게 된다.

한 목사가 공개적으로 예수님께서 다음 주일에 교회당에 오실 것이라고 말했다. 많은 사람들이 예수님을 보려고 교회당에 몰려왔다.

사람들은 모두 그분의 설교를 기대했지만 소개할 차례가 되었을 때 그분은 단지 미소를 지으며 '헬로우' 하고 인사만 하셨다.

그날 밤 사람들은 서로 예수님을 자기 집으로 모셔 주무시게 하고 싶어했다. 목사님은 누구보다도 그렇게 하고 싶었지만 예수님은 정중히 거절하셨다. 그분께서는 오직 교회당 안에서만 묵고 싶다고 말씀하셨다. 사람들은 마음속으로 그렇게 하는 것이 가장 좋겠다고 생각했다.

이튿날 새벽, 교회당 문을 열기도 전에 그분은 아무도 모르게 떠나셨다. 목사와 성도들은 교회당이 누군가에 의해 마음대로 훼손되어 있다는 것을 발견했다.

벽에는 도처에 ‘조심’이라는 글자가 써있었다. 다들 깜짝 놀랐다. 창문, 기둥, 강단, 성찬테이블, 심지어 강대상 위의 성경도 훼손되어 있었다. ‘조심’의 필적은 큰 것, 작은 것, 연필로 써진 것, 혹은 볼펜으로 써진 것, 심지어는 페인트로 칠해진 것도 있었다. 가지가지 색깔로 되어 있는 것이 여간 이상한 것이 아니었다. 눈에 들어오는 것은 모두 ‘조심, 조심 조심……’

놀라움, 분노, 당혹, 혼미, 두려움이 그들을 엄습했다. 과연 그들이 조심해야 할 것이 무엇이었겠는가?

그들의 머릿속에 떠오르는 첫 번째 생각은 속히 이런 더럽고 참람한 성물의 흔적을 지워버려야 한다는 것이었다. 그러나 그들은 그렇게 할 수 없었다. 예수님께서 직접 쓰셨기 때문이다.

이 묘연한 글자 ‘조심’은 사람들이 예배당에 올 때

마다 그들의 뇌리 속에 파고들기 시작했다. 그들은 다시는 맹목적인 신앙생활을 하지 않고 성경의 가르침에 유의하기 시작했다. 그들은 거룩해지도록 성례에 유의하기 시작했고 다시는 막무가내로 믿지 않았다. 목사는 인위적인 억압이 아닌 주님의 권능에 유의하기 시작했다.

이외에도 사람들은 스스로 의롭다고 여기기보다는 진실한 신앙생활을 하려고 노력했다. 그들은 법을 잘 지키게 되었고 연약한 사람들을 불쌍히 여기게 되었다. 또한 기도에 집중하기 시작했고 다시는 자신을 의지하지 않게 되었다. 심지어 하나님께 대한 이해에 집중하였으며 교회당 밖에서도 그분을 체험할 수 있게 되었다. 그들은 언제 어디서나 교회당 벽에 써있는 사람의 눈과 마음을 놀라게 하는 글자를 이미 명심하고 있었던 것이다.

- '믿음으로' 사는 것이 무엇인지 깊이 생각해 보십시오.
- 말씨, 행동, 마음씨 모두에서 그리스도인다운 모습을 보이고 있습니까?

살아있는 교회

　"교회", 이 단어는 한편으로는 사람에게 어느 정도 숭고한 생각과 느낌을 갖도록 하지만 다른 한편으로는 가장 평범하다. 어떤 사람들에게 있어서는 교회 생활에 참여하는 길은 여전히 적극적이고 긍정적이고 또 자아실현의 경험이 될 수 있다. 그러나 대부분의 사람들에게 있어서는 그렇지 않다.

　예수님께서는 어떻게 교회를 보실까? 우리는 또 어떻게 교회를 봐야 하나? 예수 그리스도만이 교회의 머리시고 유일한 교회의 근원이요 목표이시다. 그분의 은혜만이 교회의 유일하고 효과적인 원칙이다. 교회를 활성화시킨다는 것은 가장 친한 자매 단체 간의 서로의 교류가 아니다.

　만약 예수 그리스도께서 교회의 머리이시고 또한 생명의 근원이요 목표라면 오직 그분께 순복할 때만이 비로소 진실한 성장이 있다. 반대로, 만약 교회가 예수 그리스도 혹은 그분의 말씀과 서로 연계가 없다면 교회가 아무리 활발히 성공한다 해도 진실한 성장은 있을 수 없다.

벽에는 도처에 '조심'이라는 글자가
써있었다.
이 묘연한 글자 '조심'은 사람들
예배당에 올 때마다 그들의 뇌리 속
에 파고들기 시작했다.
그들은 다시는 맹목적인 신앙생활을
하지 않고 성경의 가르침에 유의
하기 시작했다.

당신은 지금 예수님의 뼈를 찾고 있습니까?

외식하는 자여 먼저 네 눈 속에서 들보를 빼어
라 그 후에야 밝히 보고 형제의 눈 속에서 티를
빼리라 마태복음 7:5

맹목적으로 예수님을 따르는 사람은
비록 마음은 뜨거울지라도 눈은 장애물에 가려
나무조각상에서 예수님의 뼈를 찾고
다른 사람의 필요는 보지 못한다.

어느 추운 겨울 오후, 한 유랑자가 하룻밤 잠시 머물 수 있는 곳을 찾아 나섰다. 해는 지고 밤의 장막이 드리워졌다. 온도도 빙점에 가까이 내려갔다. 그는 밤을 무사히 지낼 수 있는 곳이 절실히 필요함을 느꼈지만 찾을 수가 없었다. 만약 묵을 수 있는 곳을 찾지 못하면 길거리에서 얼어 죽을 것 같았다.

바로 그 절망의 때에 한 수도원 앞에 도착했다. 그는 문을 두드려 도움을 구했다. 문을 두드린 지 한참이 지난 후 마침내 한 수도사가 나오더니 문을 열었다. 그는 이 불쌍한 남자가 눈밭에 서서 떨고 있는 것을 보았다. 수도사는 매우 달갑지 않게 이 유랑자를 안으로 들어오게 하며 말했다.

"좋소! 당신 여기서 머물러도 돼! 하지만 꼭 하룻밤만이요. 여기는 수도원이지 여관이 아니란 말이오. 내일 아침 해가 밝는 대로 반드시 여기를 떠나야 하오. 알겠소?"

적막이 깊어가는 한밤중에, 수도사는 무언가 터져 깨지는 소리에 잠을 깨었다. 급히 일어나 도대체 무슨 일이 일어났는지 알아보았다. 그는 믿기지 않는 광경을 목격하게 되었다. 그 유랑자가 방 안에 쪼그리고 앉아 불을 쬐고 있었는데 벽 쪽의 예수님의 나뭇조각상이 사라진 것이었다. 수도사가 유랑자에게 물었다.

"조각상이 어디로 갔소?"

유랑자는 불더미를 가리키며 말했다.

"날씨가 너무 추워 잘못하다간 얼어 죽을 것만 같아 불을 좀 지피는데 썼소. 온도를 유지해야겠기에 말이요."

수도사가 큰소리로 말했다.

"당신 미쳤소? 당신이 지금 무슨 일을 저질렀는지

알고 있소? 그것은 우리 구주 예수님의 조각상이란 말이요. 당신이 어떻게 그분을 불태울 수 있단 말이요!"

유랑자는 묵묵히 그 불더미를 응시하고는 손에 쥐고 있던 나무 막대기로 잿더미를 헤집기 시작했다.

이때 수도사가 큰소리로 윽박지르며 말했다.

"당신 뭐하는 거요?"

유랑자가 대답했다.

"나는 지금 예수님의 뼈를 찾고 있소! 당신이 말한 대로 내가 태워 버린 그 예수님의 뼈 말이오!"

이튿날 아침, 수도사는 '한밤중에 예수님의 조각상을 지킨 사건'의 자초지종을 수도원 원장에게 이야기했다. 하지만 칭찬을 듣기는커녕 오히려 원장은 나무라며 말했다.

"자네는 정말로 도를 모르는 수도사네. 자네가 예수님의 조각상을 산 사람의 생명보다 귀하게 여겼기 때문이네. 자네는 그 유랑자가 자네를 비웃고 있다는 것도 분간 못했단 말인가? 예수님의 조각상 안에 어찌 뼈가 있을 수 있겠는가?"

이와같이 너희도 겉으로는
사람에게 옳게 보이되
안으로는
외식과 불법이 가득하도다 (마 23:28)

무엇을 믿는가?

　종교 신앙이라는 미명하에 형식대로 예만 행하는 것은 차라리 맹목적 숭배라고 해야 마땅할 것이다.

　만약 우리가 단지 틀에 박힌 대로 하나님을 믿는다면 바로 그것은 우리가 무가치하게 여기는 바리새인의 신앙과 별 다를바 없다.

　종교적 신앙은 거룩함과 속됨을 이원화시키려는 경향이 있다. 경건한 신자는 자기가 생각하기에 거룩하다고 생각하는 물건을 여러 가지로 보호하여 속물의 오염으로부터 방어한다.

　맹목적으로 예수님을 따르는 사람은 마음속은 비록 뜨거울지라도 눈앞에 있는 장애에 미혹되어 다른 사람의 실제적인 필요를 보지 못한다. 이야기에 나오는 수도사에게 신앙이란 수도원과 예수님의 목조상이었다.

　우리에게 있어서 신앙은 무엇인가? 명확한 교의인가? 훌륭한 전통인가? 높고 깊은 영성과 고정적인 모임인가? 혹은 오래되고 지속적인 교회의 가르침인가?

　우리도 예수님의 나무 조각상에서 뼈를 찾고 있지는 않는가?

세 어부의 기도

또 너희는 기도할 때에 외식하는 자와 같이 하
지 말라 그들은 사람에게 보이려고 회당과 큰
거리 어귀에 서서 기도하기를 좋아하느니라
내가 진실로 너희에게 이르노니 그들은 자기
상을 이미 받았느니라 마태복음 6:5

어떤 주교가 한번은 자신이 탄 배가 외딴섬에 하루 종일 정박하게 된다는 것을 알게 되었다. 그래서 이같은 모처럼의 시간을 잘 이용해야겠다고 계획을 세우게 됐다.

그는 바닷가를 천천히 거닐다가 마침 그물을 깁고 있는 세 사람의 어부를 만나게 되었다. 어부들은 자기들의 언어 반 영어 반을 섞어서 손짓 발짓하며 주교에게 한 가지를 설명했다.

몇 세기 전에 선교사가 그들의 조상에게 복음을 전해준 적이 있었다는 것이었다. 그리고 자랑스럽게 자신들을 가리키며 의기양양하게 말했다.

"우리도 그리스도인이에요!"

주교는 그들에게서 깊은 감동과 인상을 받았다. 그래서 주기도문을 아는지 그들에게 물었다. 그들은 뜻밖에도 전혀 들어본 적이 없다고 말하는 것이 아니겠는가. 주교는 놀라움을 금할 수 없었다. 그래서 마음속으로 생각했다.

"기도의 기본인 주기도문도 모르는 주제에 어떻게 자기들을 그리스도인이라고 부를 수 있는 거지?"

"그러면 여러분들은 기도할 때 무슨 말을 합니까?"

주교는 호기심으로 물었다.

그러자 어부들이 대답했다.

"우리는 눈을 들어 하늘을 바라보고 이렇게 기도하지요.

'우리는 세 사람, 당신은 세 분, 우리를 불쌍히 여겨 주소서!'"

주교는 그들의 기도가 너무나 초보적이고 이단적이며 잘못된 것을 보고 놀라 나자빠질 뻔했다. 그래서 온종일 시간을 들여 그들에게 주기도문을 가르쳤다. 어부들은 머리가 좀 둔했지만 최선을 다해 배웠다. 다음 날, 주교는 작은 섬을 떠나기에 앞서 어부들이 한 자도 빠뜨리지 않고 외운 완벽한 기도문을 듣고 깊은 감동과 큰 위로를 받았다.

몇 개월 후에 주교의 배가 마침 다시 그 작은 섬을 지나게 되었다. 그는 갑판위에서 밤 기도를 드리며 마음이 설레었다. 왜냐하면 가까운 섬에 세 사람이 살고 있는데 예전에 그가 정성을 다해 가르친 그들이 지금은 올바로 기도할 것을 생각하니 천만다행으로 생각되었기 때문이다.

이를 생각하고 또 생각하는데 갑자기 동쪽 하늘에서 몇 점의 불빛이 나타났다. 그 불빛은 끊임없이 배를 향해 다가오고 있었다. 주교는 놀라 그저 물끄러미 바라보고만 있었다.

그런데 조금 후에 세 사람의 모습을 하고 있는 빛의 그림자가 물위를 걷고 있는 것이 아닌가!

그 그림자는 배를 향해 다가오고 있었다. 선장은 신

속하게 배를 멈춰 세웠다. 선원들이 모두 배 난간에 기대서서 이 진귀한 광경을 구경하고 있었다.

세 개의 빛 그림자가 다가와 말을 주고받을 수 있는 거리쯤 되었을 때, 주교는 그들이 바로 그 세 어부인 것을 알아보았다. 그들은 흥분되어 소리쳤다.

"주교님, 다시 만나 뵙게 되어 매우 기쁩니다. 주교님이 타신 배가 이곳을 지나간다는 소식을 듣고 이렇게 급히 주교님을 뵈러 왔습니다."

주교는 놀랍고 두려워 물었다.

"여…… 여러분들이 하고자 하는 것이 무엇입니까?"

"주교님! 대단히 죄송합니다. 우리가 그처럼 고귀한 주기도문을 까맣게 잊어버렸습니다. 단지 기억나는 것은 '하늘에 계신 우리 아버지여, 이름이 거룩히 여김을 받으시오며, 나라이 임하옵시며…….' 그리고 그 다음은 모두 잊어버렸습니다. 바라옵건대, 다시 한 번만 가르쳐 주십쇼!"

그러자 주교가 겸손히 말했다.

"나의 좋은 친구들이여, 그냥 집으로 돌아가시오. 매번 기도할 때마다 마음 놓고 이렇게 말하시오. '우리는 세 사람, 당신은 세 분, 우리를 불쌍히 여겨주소서!'"

하나님과의 교통의 의미

기도는 하는 말에 달려있지 않고, 하나님과의 교통함에 있다. 기도는 우리와 하나님을 연결시켜 주는 파이프이다.

진정한 기도는 하나님께서 함께 하시는 기도이다.
우리는 스스로 유한하고 연약하며, 어찌할 수 없다는 피조물의 자세로 기도할 때, 그 기도는 자연스럽게 하나님으로부터 힘을 얻게 된다. 그리고 죄인의 신분으로 하나님 앞에 나아가 기도하면, 우리를 얽어매고 있던 잘못과 실패로부터 자유함을 덧입게 된다.

만약 우리 자신이 하나님의 자녀인 것을 알면, 우리와 하나님 아버지 사이에 어찌 진정한 긴밀함과 영원히 끊어지지 않는 연결고리가 존재한다는 사실을 모르겠는가?

우리의 기도 가운데 어찌 깨달음의 빛이 생기지 않겠는가?

풍랑 보다 위에 계시는 그분의 능력을 어찌 덧입지 않을 수 있겠는가?

우리가 하나님과의 교통의 의미를 올바로 이해하게 될 때, 그 때 우리의 생명은 끊임없이 예수 그리스도의 생명의 근원에 뿌리를 내리는 것이다.

기도는 예전에 외우고 기억하고 있던 몇 마디 말에만 국한되는 것이 아니라 자연스럽고 꾸밈없이 생명 깊은 곳에 있는 자아를 하나님 앞에 활짝 열고, 우리의 생각과 감정, 그리고 기쁨과 슬픔을 하나님 앞에 남김없이 내보이는 것이 되어야 한다.

'우리는 세 사람,
당신은 세 분,
우리를 불쌍히 여겨주소서!'

4 치료의 능력을 가진 그림자

여호와여 영광을 우리에게 돌리지 마옵소서
우리에게 돌리지 마옵소서 오직 주는 인자하
시고 진실하시므로 주의 이름에만 영광을 돌
리소서 시편 115:1

 나님께 속한 사람은
하나님께서 우리 안에서 일하시며
우리를 통해 다른 사람을
그리스도께 되돌아오도록
인도하신다는 것을 알 수 있다.

한 사람이 있었다. 그는 매우 경건한 성령의 사람으로 심지어 천사도 그를 보는 것을 기뻐했다. 그러나 그는 자신이 그런 사람이라고 여긴 적이 한 번도 없었다. 단지 주어진 삶을 살고 있다고 생각할 뿐 꽃봉오리가 꽃향기를 내뿜고 가로등이 빛을 발하는 것과 같이 은혜와 자비를 퍼뜨리고 있다는 것을 자각하지 못했다.

그의 거룩함은 그가 항상 상대방의 과거를 개의치 않고 한 사람 한 사람의 현재의 모습만을 보는 데 있었다. 또한 각 사람을 대할 때 겉모양을 초월하여 속마음을 살폈는데 거기에는 그들의 천진함, 아무 오점이 없어 자신이 무엇을 하는지 조차 모르는 모습을 보려고 하였다. 이 때문에 그는 만나는 모든 사람을 사랑하고 그들을 용서할 수 있었다. 그는 이렇게 하는 것이 무슨 특별한 일이라고 생각지 않았다.

하루는 한 천사가 그에게 말했다.

"하나님이 나를 보내어 당신을 찾도록 하셨네. 당신은 어떤 것이든 구하게. 그러면 들어주겠네. 당신은 치유의 은사를 갖기를 원하는가?"

그가 말했다.

"아닙니다. 저는 오직 하나님께서 치료의 능력을 행사하시길 바랄 뿐입니다."

"자네는 죄인을 구원의 길로 인도하길 바라는가?"

그가 말했다.

"아닙니다. 사람의 마음을 변화시키는 것은 제가 아니라 하나님이 하실 일입니다."

"자네는 도덕 교사가 되어 사람들을 이끌어 자네를 본받도록 하고 싶은가?"

그가 말했다.

"아닙니다. 그것은 단지 나를 주목받게 할 뿐입니

다.”

“그러면, 자네는 무엇을 원하는가?”
천사가 물었다.

“하나님의 은혜입니다. 그것만 있으면 저는 제가 갈망하는 모든 것을 가지는 것입니다.”

“안되네, 자네는 꼭 기적을 구해야 하네. 그렇지 않으면 어떤 강한 것이 자네의 몸 위에 더해질 것이네.”
천사가 말했다.

“그렇다면, 이것을 구하겠습니다. 제가 행한 착한 일이 저를 통해서 아름다운 일이 되게 하시되 제가 그 사실을 모르게 해주십시오.”

일은 그렇게 결정되었다. 그림자가 이 성인의 몸 위에 드리워질 때 바로 치료의 능력이 왔다. 그의 그림자가 드리워지는 곳, 즉 그림자가 그의 뒤쪽으로 향할 때 병든 자는 고침을 얻고, 땅은 비옥하게 되고, 샘물은 끊임없이 솟고, 근심으로 가득한 사람은 얼굴이 환해지고 혈색이 좋아졌다.

그러나 그 사람은 이 사실을 전혀 알지 못했다. 왜냐

하면 사람들의 주의력이 모두 그림자에 집중되었기 때
문이다.

그의 바라는 것이 모두 실현되었다. 착한 일이 그를
통해서 완성되었지만 그는 사람들에게 잊혀진 것이다.

- 하나님 안에서 선을 행한다는 의미를 깊이 생각해 보십
  시오.
- 오직 하나님께만 영광을 돌리며 사는 삶에 대해 묵상
  하십시오.

누가 성도인가?

그러면 누구를 성도라 하는가?

성도는 은혜가 충만하고 숨기지만 보여지는 사람이다. 그들의 삶은 그리스도의 열정과 승리를 뚜렷이 증거한다. 또한 영적으로 그리스도의 온전한 성결한 자의 표시이고 증인이다. 그들이 자신의 성스러움을 발견치 못하는 동시에 그들은 도리어 하나님이 그들 안에서 일하시고 그들을 통해 다른 사람을 그리스도께 돌이킨다는 것을 깊이 있게 인식한다. 성도는 강하고 힘 있는 증인들이다. 하나님의 자녀들로서 거룩함을 만족시키는 진실함을 나타내 보인다는 것을 증거한다.

오늘날 교회는 적극적으로 영향력 있고 매력 있는 지도자를 찾아 나선다. 아니면 상당히 명망이 있고 업적이 훌륭한 교회의 지도자가 와서 교회의 지금 상황에 부흥의 불을 붙이고 역전시켜 주기를 기대한다. 신학교는 적극적으로 전문 지도자를 육성하여 그들로 하여금 사회과학의 도구를 사용하여 효과적으로 교회를 치리하도록 부추긴다. 이같은 때에 우리는 받은 은혜가 많지만 숨어서 일하는 성도가 필요하다. 그들은 곧 예수 그리스도의 표시이고 증인이다.

5 당신이 도둑 맞은 건 무엇인가요?

너희를 위하여 보물을 땅에 쌓아 두지 말라 거기는 좀
과 동록이 해하며 도둑이 구멍을 뚫고 도둑질하느니라
오직 너희를 위하여 보물을 하늘에 쌓아 두라 거기는
좀이나 동록이 해하지 못하며 도둑이 구멍을 뚫지도
못하고 도둑질도 못하느니라 마태복음 6:19-20

좀도둑이 마치 파도와 같이 소비에트 연방공화국 사회를 휩쓸 당시 당국자들은 국영기업체 공장의 좀도둑을 막기 위해 각 정부가 경영하는 공장에 모두 경비를 세웠다.

레닌그라드에 있는 한 목재소에도 경비가 있었다. 이 경비는 공장에서 일하는 노동자들을 상당히 잘 알고 있었다. 어느 날 저녁 그는 뻬도베이라는 노동자가 외바퀴 손수레를 밀고 가는 것을 보았다. 공장에서 손수레를 끌고 나오는데 그 안에 크고 육중한 마대포대 하나가 실려 있었다. 경비는 그 안에 무슨 특별한 물건이 들어 있는지 궁금했다.

"이보게, 뻬도베이. 자네 이 포대 안에 담겨 있는 게 무엇인가?"

"그저 뭐 대팻밥과 자르고 남은 나무쪼가리에 불과합니다."

뻬도베이가 대답했다.

"좋네, 내 평생에 이렇게 큰 마대는 본 적이 없네. 마대를 열어보게. 내가 한번 봐야겠네!"

경비가 말했다.

마대를 털어보니 대팻밥과 작은 나무 조각 외에 다른 것은 없었다. 그래서 경비는 뻬도베이에게 다시 그것들을 마대에 집어 담아 집으로 돌아가라고 말했다.

같은 일이 매일 저녁마다 반복되었다. 뻬도베이는 매일 저녁 대팻밥과 톱질하고 남은 작은 나무 조각들을 집으로 운반했다. 이런 행동이 일주일씩이나 지속되었다. 점차 경비는 뻬도베이를 의심하게 되었다. 그러나 심증은 가는데 물증이 없었다. 결국 경비의 포기하지 않는 호기심은 심증을 확증으로 굳힐 수 있게 되었다.

그날도 경비는 공장에서 또 뻬도베이를 만나게 되었다.

"뻬도베이, 우리가 싫든 좋든 그동안 정이 들었는데 이렇게 하는 것이 어떻겠는가? 자네가 매일 훔쳐간 것이 무엇인지 알려주게. 그러면 자네를 놓아주겠네."

경비는 매우 확고한 결심을 보이며 그에게 말했다.

뻬도베이는 경비의 추궁을 거역할 수 없음을 알고 결국 실토하고 말았다.

"… 손수레요."

- 당신의 신앙의 손수레는 지금 어디에 있습니까?
- 당신의 삶 가운데 신앙의 눈을 흐트러뜨리는 것은 없습니까?

도둑 맞은 신앙

아름다운 이 세상에서 우리가 "진지를 확고히 정비하고 적을 기다리는 일"은 쉬운 일이 아니다. 세상은 가볍게 봐서는 안 될 어떤 치명적인 매력을 지니고 있다. 마치 큰 비가 온 후 건물 옥상에 물이 고여 배수관으로 흘러 들어가지 않고 천천히 세어 들어 베란다와 거실과 심지어 안방까지 침투하는 것과 같다.

우리는 세상풍조에 대한 경비를 마치 순찰대와 같이 엄격하게 차단하려 하지만 사탄은 여전히 순찰대의 눈앞에서 세상의 풍조를 밀고 들어온다.

교회 안에서 우리는 교회 강단으로 거만스럽게 들어오는 것들에 대해 성경의 각도에서 절대적으로 부합되는 것들만 선택하여 그 어떤 사탄의 그림자도 두절코자 노력한다. 하지만 사탄은 뻔뻔스럽게 우리의 생활환경에 파고들어 각 사람 집의 대문으로 굴러들어 온다.

가장 세속적인 그리스도인은 또한 종종 "세상 거절

교향곡" 중에서 나팔을 가장 크게 부는 사람이 되기도 한다.

문제는 우리가 자신을 보호해 세상풍조에 침식하지 않도록 하는 데 있는 것이 아니다. "교회는 어떻게 세속적 조류를 처리해야 하는가?"의 문제를 잘 이해하지 못한다는 데 있다.

내용이 없는 신앙, 무게를 잃고 하나님을 떠나는 신앙은 우리가 아무리 자신을 보호한다 할지라도, 또 깨어 경계하고 검문해도 신앙의 '손수레'는 도둑 맞고 세속의 '손수레'는 끌어들이는 결과를 낳게 될 것이다.

그동안 눈앞을 통과했던 "손수레"가 무엇인지 깊이 생각해 보라.

6 무지개 사람

너희는 유대인이나 헬라인이나 종이나 자유인이나
남자나 여자나 다 그리스도 예수 안에서 하나이니라
갈라디아서 3:28

한 마을이 있었다. 그 마을 뒤로는 높이가 구름 속까지 이르고 울창한 푸른 산들이 빽빽이 들어서 있었다. 산 밑에는 푸르고 아름다운 넓은 초원이 펼쳐져 있었는데 바로 그 초원 위에 녹족(綠族)이라 불리는 민족이 살고 있었다. 녹족 사람들은 녹색 옷을 입고, 녹색 집에서 살며, 녹색 차를 운전하고, 하나님이 녹색이라고 믿고 살고 있었다.

큰 산의 꼭대기에는 남족(藍族)이라 불리는 또 다른 민족이 살고 있었다. 그들은 남색 옷을 입고, 남색 차를 몰며, 하나님이 남색이라고 믿고 살고 있었다.

녹족과 남족은 죽으면 죽었지 서로 왕래를 하는 법이 없었다. 심지어 서로를 적대시하고 대적하였다. 녹색족의 부모들은 그들의 아이들에게 한 가지 노래를 가르쳤다.

'녹색은 매일 즐거운데, 남색은 매일 배고프다.
녹족은 좋고, 녹족은 귀엽고,
녹족은 즐거워 비명 지르네.
남족은 형편없고, 남족은 비천하고,
남족은 나쁜 놈들이라네.'

남족의 부모들도 그들의 아이들에게 노래를 가르쳤다.

'남색은 매일 푸르고, 녹색은 매일 춥다.
남족은 훌륭하고, 남족은 잘생겼고,
남족은 가장 우수하다.
녹족은 엉망이고, 녹족은 비천하고,
녹족은 악당들이라네.'

남족과 녹족은 이렇게 서로를 '형편없고 천하다'
고 비방하는 환경 속에서 자랐다. 그들은 자기만 알지
상대방은 알지 못했다. 어떤 남족 사람들은 죽을 때까
지 한 번도 녹족 사람들과 만나 이야기한 적이 없었다.
그들은 서로를 몰랐고 경계선을 그어놓고 살았다. 마치
물과 기름처럼.

그들은 예배도 다른 교회에서 따로 드리고, 학교도
서로 다른 곳을 다녔다.

하루는 녹족의 한 남자아이가 그의 아빠와 산책을
했다. 그러다 남족 남자 아이가 초원 위에서 연을 날리
는 것을 보았다. 남족 남자아이가 그들을 보았을 때 몹
시 두려워했다. 그래서 발길을 돌려 산위로 도망쳤다.
그런데 너무 빨리 달리다가 그만 넘어져 발목을 삐게
되었다. 그 애는 걷기가 힘들게 되었고 비틀거렸다. 녹
족의 남자아이는 그 상황을 지켜보고 있다가 앞으로 다
가가 그를 부축해 주려고 했다. 하지만 그의 아빠가 그
를 가로 막았다.

"안 돼! 네 엄마와 내가 어떻게 너를 가르쳤는지를

잊었니? 남족은 형편없고, 천하고, 나쁜 놈들이란 것을 잊었냔 말이야?”

녹족 남자아이는 그래도 기죽지 않고 그 남족 남자아이를 도와줘도 되는지 아빠에게 물었다.

“아빠! 우리가 어떻게 이 남자애가 나쁜지 알 수 있어요? 지금 내가 아는 것은 그가 지금 발목을 삐었고 그를 집에까지 부축해줄 사람이 필요하다는 거에요.”

녹족 남자아이가 말을 마쳤을 때 그의 아빠가 엄한 목소리로 말했다.

“남색은 마귀의 색깔이다. 하나님은 녹색만 사랑하셔. 우리 하나님은 우리가 동족들만 돕도록 가르치고 있다. 너는 잔소리하지 말고 배운 대로만 하면 돼!”

그런 후 몇 주가 지났다. 녹족 남자아이는 밖에서 그의 애완동물인 한 마리 토끼와 놀고 있었다. 그는 토끼를 쫓아 갔다. 높고 긴 옥수수 밭을 가로질러 확 트인 초원에 도착했다. 쫓고 쫓다보니 그만 경계선을 넘어 남족 마을에 진입하고 말았다. 그 애는 이 사실도 모르고 계속 토끼를 쫓고 있었다. 토끼는 바위 위로 도망쳤고 그는 토끼를 잡으려고 손을 뻗쳤다.

　그런데 이게 웬일인가, 그 순간 그만 발을 헛디뎌 다리가 바위 사이에 끼고 말았다. 밀기도 하고 잡아당기기도 했지만 전혀 움직이질 않았다. 그는 살려달라고 소리쳤다. 녹족 사람들이 그 소리를 듣고 도와주기를 바랐기 때문이다. 그는 남족 사람들이 언젠가는 이곳을 지나게 될 것을 걱정하며 두려움에 떨고 있었다. 한 번도 남족 사람들을 만난 적이 없었기 때문이다. 정말 재수에 옴 붙은 거나 다름없다고 생각하고 있었다.

　해는 서산에 지고 날은 점점 어두워갔다. 그런데 어떤 사람이 자기를 향해 다가오는 것이 아니겠는가. 남족 사람이었다! 그는 소스라치게 놀랐다. 그런데 자세히 보니 그 사람은 녹족 땅에서 연을 날리다 발목을 삔 바로 그 아이였다. 녹족 아이는 눈을 감고 심호흡을 한 번 하고는 적에게 얻어맞을 각오를 하고 있었다. 남족 아이는 녹족 아이 옆에서 우두커니 몇 분간을 서있었다. 그러더니 한 나무 옆에 가서 가지를 꺾는게 아닌가.

　녹족 아이는 남족 아이가 자기를 때릴 것이라고 생

각했다. 그래서 연거푸 소리쳤다.

“때리지 마세요! 제발, 때리지 마세요!”

이때 남족 아이가 대답했다.

“너를 때리려고 그러는 것이 아니야. 나뭇가지를 가지고 네 발이 끼여 있는 돌을 조금 옮기려고 그래.”

남족 아이는 돌을 치워내고 입고 있던 남색 셔츠를 찢어 끈을 만들어 나뭇가지로 녹족 아이의 발에 부목을 대었다. 그런 후에 그를 부축해 집에까지 바래다 주었다.

녹족 아이의 아버지가 아들의 발위에 남색 베 조각이 감겨 있는 것을 보고 아이를 나무라기 시작했다. 아이의 아버지는 날카로운 목소리로 말했다.

“네가 다쳤든 다치지 않았든 내가 관여할 바는 아니고, 어찌됐든 남색으로 네 몸을 더럽혀선 절대 안 된단 말이야, 이 녀석아.”

녹족 아이는 아버지가 자기에게 크게 실망했다는 것을 알았다. 하지만 그를 도와주었던 남족 아이를 잊을 수가 없었다. 그는 그의 발이 낫자마자 남족 땅으로 달려가 그의 은인을 찾기 시작했다.

녹족 아이는 남족 땅을 하루 종일 배회했다. 이렇게 하기 위해서는 큰 용기가 필요했다. 그가 가는 곳마다 그를 문전박대하고 트집 잡고 몇몇 애들은 그에게 돌을 던졌기 때문이다. 마침내 그는 예전에 그를 도와주었던 그 남자애를 찾았다. 그 남족 애는 문전박대는커녕 오히려 그의 방문을 기쁨으로 환영하고 집안으로 맞아들였다.

녹족 아이는 남족 아이를 만나보고 무척 반가웠다. 그런데 의아한 것은 그의 은인이 뜻밖에도 남색과 녹색이 섞인 옷을 입고 있었다는 것이다. 그래서 물었다.

"녹족이 나쁜 놈이라고 분명히 배웠을 텐데, 너는 왜 남색과 녹색이 섞인 옷을 입고 있는 거니?"

남족 아이가 대답했다.

"네가 다쳤을 때 내가 너를 도와준 것을 기억하니? 내가 내 남색셔츠를 찢어 네 발의 부목을 만들었어. 그

때 내 마음은 네가 내 생명의 일부분이 되었다는 생각
이 들었어. 그리고 나도 너의 생명의 일부분이 되었다.
너를 돕고 너와 얘기를 나누는 동안 녹족과 남족은 사
실 똑같이 좋다는 것을 알게 되었어.”
　“다른 남족 사람들이 네가 이렇게 녹족 편을 든 것
을 알게 되면 너에게 돌을 던지지 않니?”
　녹족 아이가 물었다. 그러자 남족 아이가 대답했다.
　“다른 사람들이 어떻게 생각하든 나는 관여치 않아.
남족이든 녹족이든 사람을 돕는 일이 옳다는 것만 알고
있어.”

　그때부터 두 사람은 좋은 친구가 되었다. 그들은 늘
서로 왕래하며 새 노래를 지어 다른 아이들이 부르도록
했다.
　“녹색은 짱이야.
　남색도 짱이다.
　홍색, 황색, 적색도 똑같이 짱이야.
　애들아, 모두 기뻐해라.
　나쁜 색깔은 하나도 없단다.”

그 결과 갈수록 더 많은 남족과 녹족의 아이들이 서
로 왕래를 하게 됐다. 그리고 그들은 상대방의 학교에
가서 공부하기 시작했고, 상대방의 교회에 가서 예배드
리기 시작했다. 게다가 그들은 자기 땅을 넘어 홍족, 황
족, 보라족 사람들을 찾아 방문하기 시작했다.

얼마 동안의 세월이 흐른 후 대부분의 사람들은 더
이상 자신을 '녹족' 혹은 '남족'이라 부르지 않게 되
었다. 대신 스스로를 '무지개 사람'이라 부르게 되었
다. 오늘날까지도 그들의 자손들은 계속 노래를 부르
고 있다.

"안 좋은 색은 하나도 없다네~~~~"

- 누군가를 정죄하여 차갑게 대하지는 않았는지 깊이 생각
해 보십시오.
- 참된 '사랑'이 무엇이라고 생각하십니까?

예수 안에서 하나

　예수님의 전 생애를 통해서 우리에게 보여주시고자 했던 것은 무엇인가? 그것은 바로 '사랑'이다.

　그분의 사랑은 조건 없는 사랑, 편견 없는 사랑이다. 죄인까지도 사랑하시는 사랑, 자신을 핍박한 사람까지도 사랑하시는 초월적인 사랑의 본을 보이셨다.

　우리는 어떤가? 어떤 이는 내 의견을 따라주지 않아서 사랑할 수 없고, 어떤 이는 나를 미워해서 사랑할 수 없고, 어떤 이는 다른 사람에게 피해만 주는 사람이라 사랑할 수 없고, 어떤 이는 성질이 못된 사람이라 사랑할 수 없고, 어떤 이는 이기적인 사람이라 사랑할 수 없고, 어떤 이는 우리 집안과 원수라 사랑할 수 없고….

　사랑할 수 있는 이유보다도 사랑할 수 없는 이유를 셀 수 없이 많이 가지고 있다.

　그러나 그렇게 살아간다면, 진정 예수님을 따르는 기독교인이라고 당당하게 말할 수 있을까?

　"그리스도 예수 안에서 하나"라는 주님의 말씀에 귀를 기울여야 할 것이다.

"녹색은 짱이야.
남색도 짱이다.
홍색, 황색, 적색도 똑같이 짱이야.
얘들아, 모두 기뻐해라.
나쁜 색깔은 하나도 없단다."

다이아몬드의 터

곧 내가 그들 안에 있고 아버지께서 내 안에 계시
어 그들로 온전함을 이루어 하나가 되게 하려 함
은 아버지께서 나를 보내신 것과 또 나를 사랑하
심 같이 그들도 사랑하신 것을 세상으로 알게 하
려 함이로소이다 요한복음 17:23

 나님의 은혜와 사랑은
찢어진 상처의 굴레에서 벗어나 자유함을 얻게 하고,
자기의 결함과 본래의 모습을 받아들이게 한다.
이때 우리는 비로소 선한 아름다움에 이르게 되고
자유롭게 위로 오를 수 있게 되며
큰일을 이루어낼 수 있게 된다.

예전에 한 왕이 이름도 없는 작은 나라를 다스리고 있었다. 그 나라가 언제부터 있었는지 그리고 백성들이 어디에서 왔는지 아는 사람은 아무도 없었다.

그런데 국왕은 돈으로도 살 수 없는 완벽하게 아름답고 흠이 없는 다이아몬드를 하나 가지고 있었다. 그것은 집안 대대로 물려 내려온 진귀하고 보배로운 것이었다. 왕은 조금도 인색함이 없이 그 다이아몬드를 전시하고 모든 백성들이 와서 참관하고 감상토록 했다. 각지의 백성들이 세상에서 보기 드문 보물을 보기 위해 벌떼처럼 몰려들었다.

이 소식은 이웃나라에도·전해졌고 관심있는 수많은 사람들이 눈부시게 빛나는 다이아몬드를 보기 위해 앞다투어 몰려들었다. 그래서 모든 국민들은 하나같이 자기들 나라에 그같은 다이아몬드를 갖고 있는 것을 영광으로 생각했다. 다이아몬드는 그들에게 이루 말할 수 없는 뿌듯함과 자긍심을 안겨주었고 그들을 자랑스럽게 했다.

그러던 어느 날 보석을 관리하는 책임자가 안좋은 소식을 전해왔다. 그는 급히 국왕을 알현하고 이를 보고했다. 경비병들이 밤낮으로 다이아몬드를 보호했고, 아무도 손댄 적이 없는데 다이아몬드에 금이 갔다는 것이었다.

국왕은 황급히 달려가 자초지종을 알아보았다. 진짜로 다이아몬드 가운데 금이 가 있었다. 왕은 즉시 명을 내려 나라의 모든 보석 전문가들을 불러 모아 다이아몬드를 살펴보도록 했다. 보석 전문가들이 한 사람 한 사람씩 조심스럽게 다이아몬드를 검사해보고 왕에게 한 보고는 모두 나쁜 소식이었다.

"폐하, 다이아몬드는 이미 그 가치를 상실했습니다. 갈라진 금을 수리하기에는 이미 늦었습니다. 원상태로 회복시키기는 불가능합니다."

왕은 억장이 무너져 내렸다. 백성들도 마찬가지였고 모든 것을 잃은 것 같았다. 온 나라는 삽시간에 염려와 슬픔의 먹구름 속으로 빨려 들어가고 말았다.

그 후에 어디서 왔는지 모르지만 자신이 보석 전문가라고 주장하는 한 노인이 나타났다. 그는 먼저 그 다이아몬드를 보자고 청했다. 그리고 한번 검사해 본 후 자신만만하게 왕에게 말했다.

"폐하, 제가 다이아몬드를 고쳐드릴 뿐만 아니라 예전보다 더 좋은 것으로 만들어 드리겠습니다."

왕은 너무 놀란 나머지 그 말을 믿을 수 가 없었다. 노인이 계속 말했다.

"제게 다이아몬드를 주십시오. 제가 일 주일 후에 그것을 고쳐 정중히 돌려 드릴 것을 약속합니다."

하지만 왕은 다이아몬드가 이미 손상을 입었음에도 불구하고, 자기 눈밖으로 벗어나는 것을 원치 않았다. 그래서 왕은 명을 내려 왕궁 안에 작업실을 하나 마련해주도록 했고 필요한 모든 공구와 음식을 그 노인에게 공급해 주도록 했다. 왕은 인내하며 일 주일을 기다렸다. 온 나라 모든 사람들도 숨을 죽이며 기다렸다. 참으로 긴 일 주일이었다.

일 주일이 모두 지나고 많은 사람들의 의견이 분분할 때 노인이 나타났다. 그는 보석을 손으로 받들어 정중히 왕에게 바쳤다.

왕은 눈앞에 놓여진 것을 도무지 믿을 수 없었다! 그 다이아몬드가 얼마나 눈부시고 아름다운지, 그야말로 아름다움의 극치였다. 노인은 정말로 다이아몬드를 고쳤는데 그전보다 훨씬 완벽하게 바꾸어 놓았다. 보석 가운데 금이 간 부분을 꽃줄기로 삼고 그 위에 활짝 편 한 송이 장미를 조각했던 것이었다. 그리고 몇 장의 이파리와 가시를 새겨 넣었다. 참으로 정교하고 섬세한 조각이었다. 정교하기가 얼마나 뛰어난지 마치 천상의 장인이 조각한 것 같은 걸작이었다. 본 사람이면 누구나 그 다이아몬드가 너무나 사랑스러워 눈을 뗄 수가 없었다. 그래서 뛸듯이 기뻐하며 어쩔 줄 몰라 했다. 그래서 당장 나라 땅의 절반을 그 노인에게 하사하기로 결정하고 노인의 그 뛰어난 기술을 보답하고자 했다. 그러나 노인은 많은 사람들 앞에서 왕의 하사를 거절하며 다음과 같은 한마디 말을 했다.

"저는 단지 결함을 아름다움으로 바꾼 것에 불과합니다."

● 우리의 결함을 온전한 아름다움으로 변화시키는 예수님 사랑에 대해 생각해보십시오.

● 이웃의 상처를 싸맬 수 있는 준비가 되어 있습니까?

온전한 아름다움

　우리는 심각하게 흠이 생긴 다이아몬드와 같다. 하나님의 은혜는 우리를 찢어진 상처로부터 자유함을 덧입게 한다.

　재물과 부유함 그리고 권력은 우리를 온전히 아름답게 하지 못한다. 그리고 착한 뜻과 널리 베푸는 아량도 우리의 허물을 덮어주지 못한다. 오로지 하나님의 은혜와 사랑을 통해서 우리는 자기 자신의 결함과 모든 본모습을 받아들이게 되고, 그때 우리는 비로소 선한 아름다움에 이르게 된다.

　인생 가운데 있는 치명적인 상처들은 우리의 삶을 망가뜨리지만, 하나님의 사랑은 우리에게 새로운 삶을 가져다 준다.

　누군가가 내 안에 있는 결함을 조각하여 내가 온전히 아름답게 되었다면, 나 또한 남이나 이웃 그리고 친구들에게 마땅히 그렇게 해야 한다. 그러면 마지막 날에 우리는 매우 아름다운 장미 한 아름을 우리의 만왕의 왕 되시는 하나님께 드릴 수 있게 될 것이다.

우리는 모두 보석과 같은
존재이다.
그것을 아름답게 다듬는 분은
하나님이시다.

8 다섯 랍비

주는 나의 하나님이시니 나를 가르쳐 주의 뜻
을 행하게 하소서 주의 영은 선하시니 나를 공
평한 땅에 인도하소서 시편 143:10

우리는 자기도 모르는 사이에
하나님이 우리의 삶 가운데 정해준
계획으로부터 벗어나는 길을 선택한다.
그 이유 또한 충분하다.
그러나 하나님의 뜻과 더 멀어지고 있는 것은 아닌지
심각하게 생각해 보아야 한다.

남부지방의 랍비 여호수아는 북부지방의 랍비 이삭에게 긴급 요청을 했다. 지혜롭고 성결한 랍비 한 명을 그들의 회당에 보내 초신자들의 영적 삶을 일깨워 주기를 바랐다. 놀랍게도 랍비 이삭은 한 명의 랍비가 아닌 다섯 명의 랍비를 파견했다. 많은 사람들은 랍비 이삭의 결정에 불만을 품고 못마땅해했다. 하지만 그는 찾아온 사람들에게 말했다.

"만일 그들 중에 한 명 만이라도 남부지방의 랍비 여호수아가 있는 곳에 도착할 수 있다면 다행이고 기뻐할 일이지요."

다섯 명의 랍비는 길을 나섰다. 며칠 후에 한 명의 심부름꾼이 그들을 따라잡아 말했다.

"우리 마을의 랍비께서 돌아가셨습니다. 그분의 직분을 대신할 사람이 한 명 필요합니다."

그 마을은 대체로 편안하고 랍비의 사례비도 괜찮은 편이었다. 한 명의 랍비가 현지 사람들에게 목자의 심정이 생겼다. 그는 말했다.

"내가 만일 이곳 백성들을 섬기지 않으면 나는 랍비가 아니다."

이렇게 그는 낙오됐다.

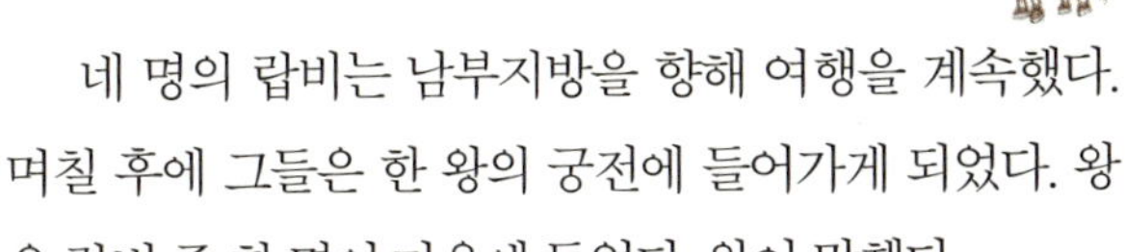

네 명의 랍비는 남부지방을 향해 여행을 계속했다. 며칠 후에 그들은 한 왕의 궁전에 들어가게 되었다. 왕은 랍비 중 한 명이 마음에 들었다. 왕이 말했다.

"이곳에 남아서 우리와 함께 사시고 내 딸도 아내로 맞아들이시구려. 내가 죽으면 당신이 왕위를 계승하면 돼요."

왕의 명성과 권세가 이 랍비의 관심을 끌었다. 그래서 이렇게 말했다.

“한 나라의 왕이 되는 것보다 그 무엇이 더 영향력을 끼쳐 이 나라 백성을 하나님께로 돌이킬 수 있는 좋은 방법이겠습니까? 내가 만약 이 기회를 잡지 못해 큰일을 이룰 수 없다면 나는 랍비라고 할 수 없지요.”

그래서 그도 낙오됐다.

나머지 랍비들은 그들의 여정을 계속했다. 어느 날 밤 그들은 산속에 있는 작은 집에 도착했다. 그곳에 한 소녀가 살고 있었다. 그녀는 그들을 환대하여 대접해 주었을 뿐만 아니라 그들을 보내주신 하나님께 감사드렸다. 그녀의 부모는 산적에게 죽임을 당했고 오직 그녀 혼자 남아 걱정이 이만 저만이 아니었다.

다음날 헤어질 때 한 명의 랍비가 말했다.

“내가 이곳에 남아 이 여자 애를 돌보겠소. 불쌍히 여기기만 하고 행함이 없다면 나는 랍비가 아니오.”

남은 두 명의 랍비는 한 유대 마을에 도착했다. 그들은 매우 놀라운 사실을 발견했다. 모든 마을 사람들이 올바른 신앙을 버리고 이단 신앙에 미혹되어 있었다.

그 중의 한 랍비가 말했다.

"나는 이 백성들에게 빚진 자요. 그리고 하나님께도 빚진 자요. 내가 여기에 남아 그들을 돌이켜 올바른 신앙으로 되돌아오도록 하겠소."

다섯 번째 랍비만이 마침내 남쪽의 랍비 여호수아가 있는 곳에 도착했다.

나는 하나님의 계획 안에서
길을 가고 있는가?

　우리는 자신도 모르는 사이에 하나님이 우리의 삶에 정해준 계획에서 벗어난 길을 간다. 그런데 그 선택의 횟수는 우리가 인정하는 것보다 많을 수 있다. 그 이유 또한 충분하다.

　예를 들면 개인선교, 지역봉사와 발전, 해외선교, 성경연구 그리고 신학의 토착화 등 그 성과는 가장 영적이고 가장 경건하고 가장 교회의 규범과 부합되는 것 같다. 하지만 이것이 자신을 향한 하나님의 뜻인지 깊이 생각해 보아야 한다.

　종교적 행사는 아마 우리가 하나님으로부터 멀어지는 가장 좋은 핑계거리일 수 있다.

　종교적 활동은 본래 하나님이 이루시고자 하는 목표가 아니고 사람을 구원하는 신앙도 아니며 사명으로부터 흘러나오는 순수하고 완전한 거룩함도 아니다. 그러므로 우리는 하나님의 버금가는 것으로 하나님의 가장 좋은 것과 서로 바꾸는 것을 멈추어야 한다.

9 랍비의 선물

여자가 이르되 메시야 곧 그리스도라 하는 이가 오
실 줄을 내가 아노니 그가 오시면 모든 것을 우리에
게 알려 주시리이다 요한복음 4:25

에 대해 항상 소망을 유지하고
놀라운 일이 일어날 것과 부흥을 기대하는 것은
우리를 무감각한 삶과 답답한 일 가운데서
업그레이드시켜 준다.

한 수도원이 있었다. 예전에는 수도원 건물 도처에 젊은 수도사들이 있었고 예배당 안에서는 찬송가 소리가 울려 퍼졌다. 그러나 지금은 몹시 어려운 시기를 만나 곤경에 처한 후 수도원이 한쪽 구석에 내버려지게 되었다. 다시는 사람들이 가지 않았고 다시는 기도를 통해 힘을 못 얻게 되었다. 몇 명의 연로한 수도사들만이 예배당을 오가며 무거운 심정으로 그들의 하나님을 찬양하고 있었다.

어느 날 늙은 랍비 한 사람이 수도원의 숲 곁에 작은 나무 집을 지었다. 그는 늘 그곳에 가서 금식기도를

했다. 아무도 그 사람과 이야기 한 적은 없었지만 그가 수도원 숲 곁에 나타날 때면 수도사들은 의례히 서로 말을 주고받았다.

"랍비 그분께서 지금 숲속을 거닐고 계신다."

그가 그곳에 있기만 하면 수도사들은 바로 그분의 기도지원의 힘을 실감할 수 있었다.

하루는 수도원 원장이 이 랍비와 솔직한 대화를 하고자 그를 방문하기로 결정했다. 아침 성찬 후에 그는 숲속을 지나 작은 나무 집으로 갔다. 수도원 원장이 도착했을 때 랍비가 이미 대문간에 서있는 것을 보았다. 랍비는 두 어깨를 벌려 원장을 기쁘게 영접했다. 그는 이미 얼마 동안 기다리고 있는 것처럼 보였다.

두 사람은 서로 부둥켜 안았다. 마치 오랫만에 만난 형제처럼.

그러고 나서 두 사람은 각기 한 발짝 뒤로 물러나서 서로 마주보고 웃었다. 얼마나 웃었는지 입이 다물어지지 않을 정도였다.

조금 지나 랍비는 수도원 원장을 집안으로 모셨다.

집안 바로 한가운데에 나무 탁자 하나가 놓여 있고 그 위에 성경이 펼쳐져 있었다. 그들 두 사람은 성경 앞에 잠깐 동안 앉아 있었다. 잠시 침묵이 흘렀다. 이윽고 랍비가 울기 시작했다. 수도원 원장도 끝내 참지 못하고 손으로 얼굴을 가리고 울기 시작했다. 평생 처음으로 마음속 깊고 깊은 곳에서 터져 나오는 울음이었다.

집안은 온통 두 사람의 울음소리로 가득했고 그들의 눈물은 나무 탁자를 흠뻑 적셨다.

눈물이 멈추고 모든 것이 안정을 되찾게 되었을 때 랍비가 말했다.

"당신과 당신의 형제들이 무거운 마음으로 하나님을 섬기고 있군요. 당신이 이곳에 와서 제게 가르침을 받고자 하니 제가 가르침을 드리겠습니다. 돌아가셔서 딱 한번만 이대로 말씀하십시오. 그 후에는 다시는 큰 소리로 말씀하시면 안 됩니다."

랍비는 수도원 원장을 똑바로 보며 말했다.

"메시아가 여러분 중에 계십니다!"

순간 정적이 흘렀다.

그리고 랍비가 말했다.

"지금 원장께서 떠나셔야겠습니다."

수도원 원장은 한마디 말도 없이 뒤돌아보지 않고 숲을 떠나 수도원으로 돌아왔다.

이튿날 새벽, 수도원 원장은 수도사들을 집회실로 불러 모았다. 그는 수도사들에게 숲속을 거닐던 그 랍비로부터 한 가지 가르침을 받아왔다고 말했다. 그런데 이 가르침은 큰 소리로 말해서는 안 된다고 말했다. 그는 각각의 형제들을 보며 말했다.

"우리 중에 메시아가 계시다고 랍비께서 말씀하셨네."

수도사들은 이 가르침에 놀라움을 감추지 못했다. 그들은 자신에게 물었다.

"이게 무슨 뜻이지? 요한 형제가 메시아란 말인가? 혹시 마태 형제? 아니면 토마스 형제? 혹시 내가 메시아란 말인가? 그 말이 무슨 뜻일까?"

시간은 하루하루 지나갔고 수도사들은 매우 정중한 태도로 서로를 대하기 시작했다.

그들은 온유함과 진지함과 인간됨을 지니게 되었

고, 그들이 함께 사는 모습은 마치 각고의 노력 끝에 마침내 찾은 보배를 대하듯 했고 그들이 함께 성경 읽고 기도하는 것도 마치 어떤 보배를 캐는 것 같았다. 수도사들의 이같은 삶은 방문하는 손님들에게 깊은 감동을 자아냈다.

얼마 지나지 않아 수많은 사람들이 먼 길을 찾아 수도사들의 기도 생활의 윤택함을 체험하기 위해 모여들었다. 젊은 사람들도 다시금 수도원의 일원이 되고 싶어했다.

랍비는 다시는 숲속을 거닐지 않았다. 그의 작은 집은 누추하게 변했다. 그러나 일찍이 그의 가르침을 받았던 연로한 수도사들은 여전히 그의 기도의 힘을 느낄 수 있었다.

- 예수 그리스도께서 당신 중심에 계시다는 것을 느낄 수 있습니까?
- 예수 그리스도에 대해 잊고 살지는 않는지 깊이 생각해 보십시오.

부흥의 본질

부흥과 갱신, 새로운 시작을 기대하는 것은 언제나 결코 늦은 것이 아니다. 그것은 어느 순간, 어느 시기에나 가능하다. 우리는 언제 어느 상황에서든지 희망을 기대할 수 있으며 새롭게 다시 시작하려는 순간이 늦은 경우는 없다.

부흥은 하나님의 사랑과 인도하심을 올바로 깨달을 때 찾아온다.예수 그리스도께서 우리 가운데 임하시고, 그분의 충만함이 심령 가운데 넘칠 때 부흥은 찾아온다.

형식적인 기도와 신앙의 행위에 의해서가 아니라 우리가 무엇을 믿고 예배하는지에 대한 본질적인 점검이 있어야 한다.

그 본질은 바로 예수 그리스도와 동행하는 삶이다.

"메시아가

여러분 중에

계십니다!"

당신은 천국에서 백정과 함께 어깨를 나란히 하고 앉을 것이오

들의 모든 나무가 나 여호와는 높은 나무를 낮추고 낮은 나무를 높이며 푸른 나무를 말리고 마른 나무를 무성하게 하는 줄 알리라 나 여호와는 말하고 이루느니라 하라 에스겔 17:24

랍비 여호수아는 경건하고 하나님을 뜨겁게 사랑하고 율법에 익숙한 좋은 선생이었다. 그가 하루는 꿈결에 어떤 소리를 듣게 되었다.

"축하하네! 여호수아, 자네랑 똑같이 여호수아라고 불리는 백정이 훗날 천국에서 어깨를 나란히 하고 같은 자리에 앉아 똑같은 상급을 받을 것이네!"

랍비 여호수아는 거의 울면서 꿈에서 깨어났다.

"어떻게 이렇게 재수없지! 나는 어릴 적부터 하나님께 헌신하고 그분을 섬겨왔고, 율법을 연구함에 있어서 두 번째 가라면 서러울 정도로 열심이었어. 또 온 마음과 힘을 들여 80명의 제자를 인도했어. 그런데 그 결과로 받은 상급이 겨우 이것이라니? 그렇다면 내가 그 여호수아라는 백정과 비교해 나은 점이 무어람!"

그는 꿈을 꾼 다음날 제자들과 함께 그 백정 여호수아를 찾아 방문하기로 했다.

"자네들이 그 백정을 찾을 수 있도록 나를 도와주게. 그가 도대체 어떤 좋은 일을 실천하여 나와 똑같은 상급을 받게 되었는지 알기 전까지 나는 자네들을 가르치기 위해 교실에 한 발짝도 들어오지 않겠네."

산 넘고 재를 넘어 여러 성읍과 고을을 지났지만 여호수아라고 불리는 백정을 찾을 수가 없었다. 다시 천신만고 끝에 마침내 작은 마을에 도착했다. 그곳에 여호수아라 불리는 백정이 살고 있다는 것을 듣게 되었다.

그런데 그 마을의 주민이 그에게 물었다.

"해박하신 랍비여, 저는 도대체 이해가 안 갑니다. 당신처럼 덕망과 명성이 높으신 랍비께서 왜 그처럼 무식하기 짝이 없는 그 사람을 찾고 계신지요?"

랍비 여호수아는 백정 여호수아가 어떤 사람인지

너무나 궁금하여 물었다.

"그가 어떤 사람인지 말해 주시오."

마치 랍비가 묻기를 기다렸다는 듯이 고을 사람들은 왁자지껄하게 그에게 말했다.

"묻지 마세요, 랍비님. 조금만 기다리시면 바로 아시게 될 것입니다. 기다리십시오, 당신께 충분한 답이 될 것입니다!"

고을 사람 중에 발이 빠른 몇 사람이 백정 여호수아에게 뛰어가서 말했다.

"여호수아 랍비님께서 우리 고을에 오셨소. 그분께서 자네를 만나보고자 하시네. 어서 오게나!"

백정은 그 말을 듣고 깜짝 놀랐다.

"내가 누군데 그처럼 위대하신 랍비님께서 나를 만나보고 싶다는 것이요? 아마 나를 놀리는 것이겠죠? 저는 여러분과 같이 가지 않겠소!"

심부름을 갔던 사람들이 헛걸음을 하고 랍비 여호수아가 있는 곳으로 돌아와 말했다.

"오! 이스라엘의 찬란한 빛, 백성의 등불, 지혜의 면

류관이시여! 당신은 어찌 저희를 보내 그 시골뜨기를 찾게 했는지요? 그 사람은 너무나 눈치가 없더군요. 그가 뜻밖에도 당신을 만나러 오는 것을 거절하지 뭡니까!"

랍비 여호수아는 손을 휘저으며 큰 소리로 말했다.

"절대로 이곳을 그냥 떠날 수는 없지! 그 백정을 만나지 않고는 절대 이곳을 떠날 수 없다네. 됐네! 내가 직접 가서 그를 만나는 것이 좋겠네!"

백정은 랍비가 자신의 눈앞에 나타난 것을 보고 마치 전기에 감전된 것 같았다.

"오, 이스라엘의 면류관이시여!"

백정은 손발을 어디에 둬야 할지 몰라 안절부절하며 물었다.

"당신은 왜 꼭 저를 만나시려 하시는지요?"

랍비 여호수아가 말했다.

"나는 천 리 길을 마다않고 몇 가지 문제에 대한 가르침을 받고자 왔습니다. 당신께서 일생 동안 무슨 '좋은 일'을 했는지 말씀해 주시지요."

백정 여호수아는 망연한 얼굴로 대답하기 시작했다.

"저는 보통의 백정에 불과한 사람입니다. 집안에는 아직 노부모님이 계십니다. 두 분은 백발이 성성하지요. 이빨은 빠진 지 오래고 거동이 불편하십니다. 그래서 저를 의지해야만 생활이 가능하십니다. 저의 생활도 평범하기 그지없지요. 매일 손수 부모님의 옷을 갈아 입혀 드리고, 빨래를 하고, 그분들을 위해 세 끼 식사를 준비하지요. 그분들의 필요를 돌봐드리기 위해 저는 조상의 유산을 이미 다 탕진했습니다. 또 여가를 즐길 만한 시간조차 없는 몸인데 어찌 무슨 '좋은 일'을 했겠습니까!"

랍비 여호수아는 이 말을 듣고 감탄을 하며 몸을 굽혀 백정 여호수아에게 다가가 이마에 입을 맞추고 말했다.

"오! 형제여, 당신은 하나님의 복을 받기에 합당합니다. 천국에서 내가 당신과 어깨를 나란히 하고 앉아 같은 상급을 받는다니 이 얼마나 영광스럽고 기쁜 일입니까!"

하나님의 뜻에 합한 신앙

진정으로 풍부하고 위대한 업적은 일상 생활 속에서 평범한 일들 가운데 이루어진다. 마땅히 해야 할 일을 다했을 때 우리는 진정한 성취를 누릴 수 있다.

영적인 일은 마치 우리들의 평범한 삶을 넘어서는 것 같지만, 그것은 평범한 사람이 하는 평범한 일상적인 일 가운데 존재한다.

사람들은 인생의 끝에 모든 잘잘못과 공적, 과실이 모두 공평하게 대접받고 자기가 받아야 할 보상을 받아야 한다고 생각한다. 마치 돈을 은행에 저축해 둔 것과 같이 세상에서 많이 저축하면 할수록 천국에서 그만큼 많이 인출할 것이라 생각한다.

그러나 하나님의 계산 방법과 가치의 체계는 우리 보통사람의 것과는 너무나 다르다.

우리는 늘 잘못 생각하기를 세속을 초월하여 성인(聖人)의 경지에 이르는 무슨 대단한 업적을 이루어야 하나님의 마음에 합한 영적인 삶을 산 것으로 생각한다. 그러나 진정으로 위대한 업적은 일상의 생활 가운데 행해지는 모든 순간 가운데 이루어진다. 이것이 진정한 영적 성취의 삶이다.

천국에서 누구하고 어깨를 견주고 나란히 앉을 것인가를 생각하지 않고 주어진 지금 이순간의 삶을 소중히 여기고 최선을 다한다면, 하나님의 상급은 저절로 주어질 것이다.

11 눈을 들어 그분의 눈을 보라

너는 진리의 말씀을 옳게 분별하며 부끄러울 것이 없는 일꾼으로 인정된 자로 자신을 하나님 앞에 드리기를 힘쓰라 디모데후서 2:15

 산 속에 한 마을이 있었다.

이 마을은 적국의 군대에게 점령당해 있었다. 하루는 적국의 총사령관이 마을 촌장을 찾아와 말했다.

"우리 군은 당신들의 마을에 간첩이 한 명 숨어 있는 것을 알고 있소. 그 사람을 내어놓지 않으면 당신과 당신 마을 사람들 모두 가만두지 않을 테요. 두고 보시오. 당신은 우리의 군법이 얼마나 무서운지 알게 될 것이오. 나는 수단 방법 가리지 않고 그 맛이 어떤가를 당신에게 보여줄 거요. 알겠소?"

그 마을에는 정말로 한 사람이 숨어 있었다. 하지만 그 사람은 선량하고 무고하게 보일뿐 전혀 간첩 같지 않아 모든 마을 사람들이 그를 좋아하게 되었다. 그런 데 총사령관의 위협적인 말이 아직도 귀에 쟁쟁하고, 마을 주민의 목숨이 몹시 위태롭게 되어 촌장은 도대체 어찌할 바를 몰랐다. 그는 고민에 빠졌다.

"이 무고한 사람을 총사령관의 손에 넘겨주어야 할 것 같은데! 그렇지 않으면 마을 주민의 목숨이 위태로 울 것이고…. 하지만 내가 어떻게 이 무고한 사람을 그 렇게 할 수 있단 말이지?"

촌장은 이러지도 저러지도 못하는 상황에 빠지게 되었다.

그래서 그는 이 일을 촌민위원회에 가져가 마을 사 람들과 함께 공개토론하기로 했다. 며칠 동안의 열띤 토론을 거쳤지만 마을 대표들도 결정을 내릴 수가 없었 다. 마지막에 촌장은 이 문제를 마을에 있는 교회로 가 지고 가서 목사와 토론했다.

목사와 촌장은 꼬박 밤을 새어가며 이 일을 토론했 고, 혹시 답이 성경에 나와 있지 않나 하고 성경을 이리

저리 뒤지기 시작했다. 그들은 마침내 요한복음 18장 14절 말씀에 그 답이 있음을 발견하게 되었다.

"… … 한 사람이 백성을 위하여 죽는 것이 유익하다……"

하나님의 뜻은 너무나 분명했다. 그래서 촌장은 그 무고한 사람을 적군의 총사령관의 손에 넘겨주었다. 그 날 슬픔과 애도의 울음소리는 온 마을에 메아리쳐 울렸다. 하지만 시간이 점점 지나자 애도의 울음소리는 점차 줄어들고 마침내 그 사람의 죽음은 사람들의 기억 속에서 잊혀졌다.

그로부터 20년 후, 어떤 낯선 사람이 마을에 찾아왔다. 그는 곧장 촌장 앞으로 가더니 따지듯이 말했다.

"당신이 어떻게 그렇게 할 수 있었단 말이요? 그때 그 사람은 하나님이 보내셨던 사람이요. 온 나라 백성을 해방시키기 위함에서지요. 그런데 당신이 그 사람을 원수에게 내어주고 고난 받아 죽게 했단 말이오!"

"내가 무엇을 잘못했단 말이오?"

촌장이 변명하며 말했다.

"그것은 목사와 내가 함께 답을 찾은 결과 성경이 그를 죽이라고 해서 그렇게 한 것이오."

"바로 그것이 당신이 잘못한 부분이오."

그가 말했다.

"단지 성경을 문자 그대로 읽었다고 다가 아니란 말이오. 마땅히 말씀을 귀기울여 듣고 머리를 들어 그분의 눈을 보아야 하는 것이오!"

- 하나님 말씀을 자신의 생각대로 판단하지는 않습니까?
- 경험과 지식을 완전히 내려놓고 성경말씀을 받아들이고 있습니까?

성경을 단지 고찰하는 것만으로는 부족하다. 우리는 마땅히 성경을 통해 그분의 눈을 보아야 한다.

랍비 이삭은 이런 말을 했다.

"너무 많은 성경지식이 위험할 수도 있습니다. 보기에 아는 것 같지만 사실은 아무것도 모르고 있을 수 있습니다. 머리로는 알지만 마음가운데 깨닫지 못하는 것을 조심해야 합니다."

바리새인들은 성육신하신 하나님의 아들을 만났을 때, 그분을 영접하지 않고 끝내 죽음의 길로 내몰았다.

그들은 너무나 많은 것을 알고 있었지만 진리를 알지 못했다.

사람들은 성경말씀은 많이 읽고 고찰하지만 자주 진리를 오해한다. 우리가 이해하기를 망각하거나 하나님의 눈을 관찰하기를 잊을 때, 알고 있는 성경지식은 오히려 위험을 초래한다.

기도할 때 고양이 데리고 가는 것을 잊지 마시오

너희는 이 세대를 본받지 말고 오직 마음을 새롭게 함으로 변화를 받아 하나님의 선하시고 기뻐하시고 온전하신 뜻이 무엇인지 분별하도록 하라 로마서 12:2

리의 영혼은
감정이 추구하는 것과 상반된 음성이 필요한데
이는 상관없는 일들로 인해
초점을 흐리지 않도록 하기 위함이다.

예전에 한 수도원이 있었다. 그곳은 전문적으로 기도와 묵상을 배우는 곳이었다. 한 무리의 수도사들이 매일 원장의 인도를 받으며 정해진 시간에 모여 함께 하나님께 기도하고 말씀을 묵상했다. 이는 하루도 빠짐없이 행해졌다.

어느 날 새벽, 수도원 원장이 모든 수도사와 함께 기도하고 있을때 고양이 한 마리가 아무도 모르게 기어들어 왔다. 이 고양이는 때로는 한적하게 원장의 발 옆에 쪼그리고 엎드렸다가 때론 바닥에 엎드린 원장의 얼굴을 핥기도 하여 원장이 거의 기도에 전념할 수 없도록 방해했다. 이 고양이의 그런 행동은 천천히 습관이 되어갔다. 고양이는 기도 때마다 빠지지 않고 찾아오고 올 때마다 원장을 찾아 엎드리고 핥았다. 이로 인해 원장은 기도에 전념할 수 없게 되었다.

며칠 후 원장은 밧줄 한 가닥을 가지고 와서 고양이가 가까이 올 때 잡아 탁자 다리 밑에 묶었다. 원장은 비로소 계속 기도에 전념할 수 있게 되었다.

모든 수도사가 이것을 보았다. 그들은 원장이 기도할 때 모든 수도사들이 고양이를 한 마리씩 가졌으면 하는 것으로 생각했다. 며칠이 안 되어 수도사들은 온갖 방법을 다 동원하여 각자 고양이 한 마리씩을 구해서 원장의 습관대로 기도 묵상 시 자신의 옆에 묶어 두었다.

몇 년 후에 원장은 세상을 떠났다. 하지만 수도원은 여전히 "기도할 때 고양이를 데리고 가서 옆에 묶어두는" 습관을 계속 유지했다. 만약 고양이 한 마리가 죽게 되면 그 고양이 주인은 새 고양이를 구해 다시 옆에 묶어 두었다.

　세월이 화살같이 지나 몇 년이 흘렀다. 이 "수도원"은 점차로 "애묘원"(고양이를 사랑하는 집)으로 변해 갔다. 수도사들은 더 이상 기도와 묵상에 힘쓰지 않았다. 오히려 고양이를 키우고 이를 연구하고 더 나아가 동물 관리권을 쟁취하는 데 힘쓰게 되었다.

최종 필요한 것은 통찰력

　우리의 삶 가운데 "많은 일들은 순조롭지 않고" 방해를 받게 된다. 어떤 방해들은 우리에게 유익하지만 어떤 것들은 그렇지 않다. 그리고 어떤 방해들은 기회를 틈타 생각지 못한 때 갑자기 찾아와 사람이 손을 쓸 수 없게 만든다. 임기응변 능력이 약한 사람은 아무런 대책도 마련하지 못한 채 감정을 제어할 수 없는 지경이 된다.

　어떻게 방해를 순조롭게 대처할 수 있는가? 어떻게 우리의 이미지를 유지할 수 있는가? 심지어 한 수 앞을 내다볼 수 있는가? 이를 위해서는 반드시 깨어 경계할 뿐만 아니라 통찰력의 지혜가 필요하다.

　만약 우리가 통찰력을 잃게 되거나 혹은 우리의 최종 필요가 무엇인지 모른다면 살아가는 동안의 모든 노력마저 헛수고가 될 것이다.

　주변 세계가 수시로 변할 때 자기의 생각과 입장을 지키는 것, 각종 매력적인 부름의 소리가 귓가에 맴돌 때 처음의 부르심을 굳게 지키는 것, 그리고 앞길이 몹시 고달파 걷기 힘들고 걷고 있는 길이 마치 잘못된 길처럼 보일

때, 더욱 노력의 목표를 놓치지 않는 것이야말로 우리를
예수 그리스도 안에서 승리하는 길로 이끌게 될 것이다.

많은 그리스도인들은 단지 불쌍하도록 적은 열성과 깨
알만한 인내를 지불하고 값비싼 삶의 미덕을 얻고자 한
다. 극히 적은 수의 사람만이 평생 변치 않는 하나님과 계
약을 지키려 하며, 일생 그리스도의 거룩함 안에서 주님
의 제자가 되기를 원할 뿐이다.

생활 중에 종종 갑자기 오는 방해들이 있다. 그것은 우
리가 원래 정했던 질서를 깨뜨리기도 한다. 수도원에 파
고든 고양이가 영적인 삶을 흐리게 하고 노력의 방향을
잃게 하듯이 말이다.

우리는 어떤 변질의 가능성을 경계해야 한다. 삶의 목
표에 대한 의지력이 부족하고, 하나님의 부르심에 대해
끝까지 충성하는 것이 부족하고, 새로운 것에 대해 경계
심이 없이 받아들이려 하고, 마음 내키는 대로 주변 상황
을 좇아 춤춘다면, 최후에 우리는 아마 "자기가 누구인
지, 신분이 어떤지, 살며 무엇을 해야 하는지" 분명히 말
할 수 없게 될 것이다.

하루살이 꼿꼿이 람비 되다

화 있을진저 외식하는 서기관들과 바리새인들
이여 회칠한 무덤 같으니 겉으로는 아름답게
보이나 그 안에는 죽은 사람의 뼈와 모든 더러
운 것이 가득하도다 이와 같이 너희도 겉으로
는 사람에게 옳게 보이되 안으로는 외식과 불
법이 가득하도다 마태복음 23:27-28

리는 환상의 만족감 가운데 도취된 인생의 무대에서
겉이 화려한 무대소품과 장식이
자신의 전부를 변화시킬 수 있다고 생각한다.

크라코(Cracow)의 가장 유명한 한 랍비는 각 도시를 돌아다니며 "토라"(Torah, 구약 모세오경)의 진리를 전파하는 유대 랍비였다. 그가 가는 곳마다 열렬히 환영치 않은 곳이 없었고 크게 받들어 모심을 받지 않는 곳이 없었다. 그의 운전기사는 그를 모시고 각 도시를 돌아다니면서 가는 곳마다 랍비가 환영 받는 것을 보고 하나하나 마음속 깊이 새겼다.

어느 날 두 사람은 함께 길을 걸었다. 운전기사는 랍비에게 한 가지 부탁을 했다.

"랍비님, 외람된 말씀이지만 한 가지 여쭙겠습니다.

가르침을 주십시오. 어디를 가든지 어르신은 대중의 환영을 받습니다. 저처럼 전혀 남의 눈길을 끌지 않는 운전기사도 알고 싶은 것이 있습니다. 도처에서 열렬히 환영 받는 맛이 어떤 것인지, 어떤 느낌인지 알고 싶습니다. 만약 괜찮으시다면 제가 어르신과 옷을 바꾸어 입으면 안 될까요? 딱 하루면 됩니다. 제가 어르신의 랍비 복장을 걸치고 있으면 모두들 제가 그 위대한 랍비이고 어르신을 운전기사로 생각할 것입니다. 이렇게 하면 그들은 저를 환영할 것이고 저를 크게 받들어 모실 것입니다."

크라코의 유명한 랍비는 운전기사의 요구를 받아들이기로 했다. 그러나 이같은 결정때문에 운전기사가 늪지의 함정에 빠질 것이라고 랍비는 생각했다.

"내가 허락한다고 해도 그것이 어떨지 자네는 알고 있는가? 랍비 복장을 걸친다고 진짜 랍비가 되는 것은 아닐세! 자네가 어떻게 배워 랍비가 된다는 것인가? 만일 사람들이 몇 가지 율법 중의 어려운 문제를 묻고 자네가 대답하지 못하면 바보같이 된다는 것을 알고는 있는가?"

"랍비님, 이 점은 어르신이 걱정할 일이 아닙니다. 저는 그런 위험을 감당한 준비가 되어 있습니다!"

랍비는 하는 수 없이 말했다.

"정 그렇다면 좋네! 가서 내 옷으로 갈아입게!"

그래서 랍비와 운전기사는 약속대로 옷을 바꿔 입었다.

그들은 예정대로 한 도시에 들어갔다. 이 도시의 모든 유대인들이 이 위대한 랍비를 환영하기 위해 모두 성 밖으로 나와 있었다. 유대인들은 떼지어 "가짜 랍비"를 둘러싸 회당으로 모시고 들어갔다. "가짜 운전기사"는 앉아서 인파와 떨어져 조심스럽게 살펴보고 있었다.

모든 사람이 늦을 새라 앞 다투어 가짜 랍비와 악수라도 하고 인사라도 하고자 귀빈석으로 몰려들었다.

"해박한 랍비여 평안하소서!"

가짜 랍비는 비록 마음이 몹시 떨리긴 했지만 기쁨으로 받아들였다. 그가 회당가운데 으뜸석에 앉아 멀리 바라보니 이 도시 각지의 학자들과 고관 귀인들이 모두 모여 있는 것이 보였다. 가짜 기사로 둔갑한 진짜 랍비는 무리를 사이에 두고 저 멀리 문 옆 구석에 서서 과연 무슨 일이 일어나는지 "가짜 랍비"를 지켜보고 있었다.

　　바로 이 때, 한 명의 현지 학자가 갑자기 질문을 던졌다.

　　"해박한 랍비여, 제가 율법 중의 한 부분이 이해가 잘 안 되는데 한번 해석해 주실 수 있으신지요?"

　　"거 참 안됐군! 이 성경 부분이 율법서 중에서 가장 손대기 어려운 부분인데 말이야!"

　　문 옆 구석에 있던 랍비는 마음속으로 웃었다.

　　가짜 랍비가 눈썹을 찌푸리며 눈앞에 펼쳐진 율법서를 응시하고 있는 것이 보였다. 실은 그는 낫 놓고 기역자도 모르는 까막눈이었다. 갑자기 이 가짜 랍비는 귀찮다는 듯이 성경 두루마리를 밀어 제쳤다. 그리고 오른손으로 눈앞에 있는 전 도시의 해박한 학자들을 가리키며 얼굴 가득 웃음기를 띠고 비꼬며 나무라기 시작했다.

"여러 학자들이여! 이것이 바로 당신들이 찾았다는 가장 어려운 문제란 말인가? 이것이 무슨 문제라고 그렇게들 심각한 표정을 짓고 있소! 당신들이 궁금해 하는 이 문제는 너무 간단하여 내 운전기사조차도 능히 해석해 당신들에게 들려줄 수 있소!"

그러더니 가짜 랍비는 손짓을 하며 큰 소리로 말했다.

"어이, 기사 양반! 자네 이리 한번 와 보게! 여기 여러 '대' 학자 어르신들께 율법서의 이 부분을 해석해 드리시게나."

당신의 신앙은 뿌리 없는 꽃꽂이 꽃과 같지는 않습니까?
당신에게 벗어야 할 가식의 옷은 없습니까?

뿌리깊은 신앙

옷을 바꿔 입을 수는 있지만 삶의 부르심을 바꿀 수는 없다. 그는 하루살이 랍비가 되어 보고 싶었지만 사실은 존귀와 영광과 주목의 대상이 되고 싶어했고 인정받는 맛을 보는 것에 불과했다.

인생의 가면무도회장에서 우리도 그 가짜 랍비와 같이 허황된 만족감에 도취되어서 소품과 장식이 모든 것을 변화시킬 수 있다고 착각할 때가 있다. 모든 꾸밈은 마치 "꽃꽂이"에 불과하다는 것을 모른다. 꽃은 멋있지만 뿌리가 없다. "꽃꽂이형의 랍비"와 같은 사람들은 사회와 교회 안과 그리고 우리 자신의 생활가운데 넘쳐난다.

영화 속에서 슈퍼맨의 "옷 바꿔 입는 것"은 매우 쉽다. 그리고 삶 가운데 "꽃꽂이"가 되는 것은 어렵지 않다. 그러나 그 꽃이 뿌리가 없다면 곱고 아름다움은 며칠 만에 시들어 버리게 되어 한가한 시간의 우스갯거리에 지나지 않게 된다는 사실을 명심해야 한다.

"배역 바꿈"이란
알맹이 없는 껍데기에 불과하다
소품과 장식은
우리의 삶을 변화시킬 수 없다.

도대체 누가 가서 세수할까?

어찌하여 형제의 눈 속에 있는 티는 보고 네 눈 속에 있는
들보는 깨닫지 못하느냐 너는 네 눈 속에 있는 들보를 보
지 못하면서 어찌하여 형제에게 말하기를 형제여 나로 네
눈 속에 있는 티를 빼게 하라 할 수 있느냐 외식하는 자여
먼저 네 눈 속에서 들보를 빼라 그 후에야 네가 밝히 보고
형제의 눈 속에 있는 티를 빼리라 누가복음6:41,42

많은 그리스도인들이 하나님에 대해 사랑만 말하고
마음 들여 깊이 묵상하지 않는다.
하나님이 원하시는 일에는 흥미가 부족하다.

 어느 날, 한 시골양반이 그의 랍비를 찾아갔다.

"랍—비 선상—님"

그는 도시의 학식 높은 분이 보기에 초등학교 문턱도 안 밟은 듯 더듬거리는 말투로 말했다.

"제가 오래—동안 들었는데 —요 제가 듣긴 들어—도 이해할 수가 없—는 탈, 탈—무드는 무엇을 말하고 있는지요? 저, 저는—탈—무드가 뭔지도 모르겠어요! 랍비님, 당신… 당신이—탈무드가 뭔지 가르쳐 주시겠어요?"

"음, 탈무드라-"

랍비는 얼굴 가득히 자상한 미소를 지으며 어린아

이를 대하듯 말했다.

"탈무드는 읽고 단번에 이해할 수 있는 책이 아니
네. 자네는 지금까지 하나님을 깊이 묵상하면서 살아오
지 않았지 않나?"

"오, 랍—비님, 당, 당신께 구하옵나니, 당, 당신께
서 꼭 가르쳐 주십시오!"

시골양반은 랍비에게 간곡히 빌며 말했다.

"제, 제가 과거에 당신께 어, 어떤 것을 구한 적이 없
습니다. 제가 한 가지 바로 이것을 구, 구하오니, 제가
탈-무드를 읽도록 좀 가르쳐 주십시오!"

랍비가 말을 이었다.

"이렇게 하세! 먼저 내가 자네를 시험하겠네. 주의
깊게 듣게!

만약 두 도둑이 굴뚝을 통해 한 집에 들어가서 거실
에 도착했는데, 이 두 명의 도둑 중에 한 도둑의 얼굴은
지저분하고 다른 한 사람의 얼굴은 깨끗하다면 도대체
누가 가서 얼굴을 씻을지 자네가 한번 말해보게."

시골 양반은 한참을 생각한 후 대답했다.

"당연히 얼굴이 지저분한 그 사람이 가서 얼, 얼굴을 씻지요."

"그것 보게." 랍비가 말했다.

"내가 자네에게 말하지 않았는가? 탈무드는 단번에 정통할 수 없다고 말이네? 얼굴이 깨끗한 사람이 얼굴이 지저분한 사람을 보고 당연히 얼굴을 씻고 싶을 것이네. 그러나 얼굴이 지저분한 사람은 얼굴이 깨끗한 상대방을 보고 자기의 얼굴이 깨끗한 것으로 여기고 당연히 얼굴을 씻고자 하지 않을 것이네."

시골양반은 랍비의 해석을 다 듣고 나서 잠시 생각하더니 마침내 얼굴에 밝은 빛이 넘치더니 머리 숙여 감사하며 말했다.

"랍비님, 대-단히 감사합니다. 가르침에 감사합니다. 이제 제가 탈무드가 무엇인지 이해하게 되었습니다."

"이것 보게나." 랍비는 참지 못하고 말했다.

"내가 말하지 않았는가? 자네는 단번에 이해할 수 없을 것이라고. 그렇게 깊은 지혜를 어떻게 한 순간에 이치를 깨우칠 수 있겠는가! 두 도둑이 함께 굴뚝을 탔는데 어떻게 한 사람의 얼굴만 지저분할 수 있겠는가 말일세."

- 당신의 신앙의 내면을 들여다보십시오. 더러워진 부분을 지금 청소하십시오.
- 자신은 돌아보지 않고 다른 사람의 잘못을 먼저 비판하는 습관을 가지고 있지는 않습니까?

하나님의 말씀이 강대상을 통해 성도들에게 전해질 때, 간혹 그들의 표정은 망연해진다. 심오한 말씀을 알고자 하는 열정도 없고, 형식적으로 교회당 좌석을 메우고 있을 뿐이다.

그들은 들었던 진리를 이해하고자 조금의 노력도 해보지 않고 포기하려 한다. 하나님께 속한 비밀을 깨닫지 못하고 주님과 동행하지 못하는 삶을 살아간다.

유대 작가 차임 포톡(Chaim Potok)은 그의 유명한 소설 「태초에」(In the Beginning)에서 이렇게 말했다.

"얕은 생각은 하나님을 대적하는 죄이다."

왜 얕은 생각이 "죄"인가?

우리가 피조물이라고 불리는 이유는 바로 하나님의 형상과 모양을 따라 지음 받았기 때문이다. 그러므로 당연히 우리 인간은 이런 피조물 시스템의 중심축에 위치해 있다. 이것은 우리가 진실되고 신실하게 하나님을 알고 하나님을 사랑하도록 하는 하나님의 의도가 반영되어 있다.

　교회 안에는 실제로 너무나 많은 "종교인"들이 있다. 그들은 "내적인 신앙"에 노력을 기울이지 않는 것에 익숙하여 신앙을 외적인 종교적 예의로 바꿈으로써 하나님의 여러 가지 것들 즉, 그분의 오묘함, 그분의 뜻, 그분의 지극히 거룩함과 영광스러움 등을 생각하지 않는다.

　또한 믿음을 가볍게 아무 생각없이 받아들여 자신의 신념과 혼동한다.

　우리는 반드시 어떻게 생각하는 것이 좋을지, 그리고 하나님의 마음에 합한 생각을 하기 위해서는 반드시 그리스도와 닮은 생각, 그리스도적인 판단력과 반성의 능력을 키워야 한다.

　처음 들어 보는 어려운 가르침이라 할지라도 쉽게 물러나서는 안 된다. 하나님의 심오한 교의의 신성하고 심오함에 좌절해서도 안 된다. 우리는 자신을 위해 하나님께 속한 진리를 알아야 한다. 그리고 하나님께서 자신의 계시를 통해 그분을 알아가도록 허락하심에 감사해야 한다.

"얕은 생각은

하나님을 대적하는

죄이다."

위스키 한 잔 내시지요

너희는 육체를 따라 판단하나 나는 아무도 판
단하지 아니하노라 만일 내가 판단하여도 내
판단이 참되니 이는 내가 혼자 있는 것이 아니
요 나를 보내신 이가 나와 함께 계심이라
요한복음 8:15, 16

나이가 어려 경험이 적은 한 유대인 제자가 그의 랍비와 대화하면서 자신만만하게 자신이 발견한 이론인양 선지자와 예언의 본질에 대해 황당무계한 논리를 폈다.

랍비 이삭이 듣고 무척 화를 내며 큰소리로 말했다.

"황당하기 그지없고 부끄럽구나.

자네가 어떻게 거룩한 선지자들을 이렇게 논한단 말인가?"

스승이 화를 내는 것을 보자 제자가 사과하며 말했다.

"하지만 랍비님, 그것은 결코 제 개인적인 생각이

아닙니다.

저는 단지 모세 마이모니디스(Moses Maimonides)의 「미로의 나침반」(Guide for the Perplexed)의 책에서 인용한 것뿐입니다."

랍비는 쓴 웃음을 지었다.

"내가 비유를 하나 들테니 들어보게나."

랍비는 제자에게 한 이야기를 들려주었다.

"한 상인이 한번은 물건을 구매하려고 도매회사에 갔다네. 그런데 실수로 진열장의 유리를 깨뜨렸네. 무심결에 한 실수 때문에 너무나 미안한 생각이 들어서 '너무 죄송하고 사과드립니다.' 하고 상인이 말했네.

'아! 괜찮아요! 그까짓 일 가지고 뭘요!' 회사 사장은 아무 일도 없는 것처럼 말했지. '별로 큰 손해를 입지 않았는데요 뭐! 하나님께 감사 드려요. 유리조각에 당신이 다치지 않는 것만으로도 참 다행이지요. 이리 오세요. 저랑 위스키나 한잔 합시다.'

그래서 두 사람은 다정하게 술을 마시게 되었네. 어떤 기분 나쁜 일도 전혀 없었다는 듯이 말이네.

그런데 그때 한 바보가 이 모든 일의 경과를 지켜보

고 있었다네. 방금 벌어진 그 장면이 너무나 인상 깊어서였지. 그는 스스로에게 말했다네.

'유리 한 장을 깼는데 사장이 그의 고객에게 한 잔의 위스키를 주었다면 만약 내가 홀 정면에 있는 유리창 전부를 깬다면 무엇을 줄까? 내가 벌인 일로 인해 낙담하고 어떻게 해야 할지 모르고 있을 때 그의 마음이 몹시 불편해지겠지. 그러면 틀림없이 그는 나를 청하여 위스키 한 병을 같이 마시자고 할 거야!'

그래서 그는 돌을 가져와 힘껏 던져 정면에 있는 창문을 깨뜨렸다네. 유리 전체가 박살이 나게 되었네. 마침 종업원이 그가 벌인 일을 보고 즉시 밖으로 끌고 나가 얼굴을 후려쳤다네.

'때리지 마세요! 때리지 마시라니까요! 바보 같은 사람 같으니라고! 왜 나를 때리시냐고요?' 바보는 대들었다네.

'당신 사장이 방금 그 유리 깬 손님을 청해 위스키 한 잔 권하고 위로하지 않았소? 그런데 당신은 되레 나를 때리고 있으니 이거 말이나 되는 거요?'

'망할 자식!' 사장이 말했다네. '그 사람은 나의 귀한 고객인데 유리 한 장 깬 것이 그리 큰일이나 되겠냐? 그런데 이 바보 천치야, 자네가 내 홀 유리창을 통째로 깨뜨리고 내게 좋은 일을 바란단 말인가?'"

랍비는 결론적으로 말했다.

"이것이 자네와 같네. 이 사람아, 모세 마이모니디스에 관해 누군가가 말했지.

'우리의 스승 모세로부터 마이모니디스에 이르기까지 모세 이름을 가진 사람 중에 이분 같은 모세는 다시는 없다.'

그는 랍비 중의 랍비요 의미심장한 좋은 책들을 많이 썼어. 그는 대담하게 다른 이론을 발표할 자격이 되네. 다시 말하면 그는 유리창 한 장을 깨뜨릴 자격이 된다 이 말이네. 그런데 자네같이 일개 무명인사가 세상을 위해 뭐라도 한 것처럼 어찌 이렇게 사치스럽게 우리의 신앙의 앞 창문을 깨뜨리는가 말일세."

- 남의 흉내를 내는 신앙생활을 하고 있지는 않습니까?
- 당신은 하나님보다 스스로의 판단력을 의지하며 살고 있지는 않습니까?

비평의 자격

　다른 사람을 비평하는 것은 비평을 받아들이는 것보다 쉽다. 우리는 긍정적이고 적극적인 관점으로 비평을 대하고 그 비평을 통해 자신을 한 단계 높은 차원으로 업그레이드시킬 수 있어야 한다.

　각각의 비평은 적어도 진리의 암시이고 또는 진리를 대표하는 그 자체다. 우리는 비평이 우리를 얼마만큼 변화되도록 돕는지 발견해야 한다. 이 때문에 비평을 받는 것보다 비평을 할 때 오는 어려움이 훨씬 더 많다.

　비평가가 되고자 한다면 고도의 책임감을 가지고 있어야 하고 이러한 책임감을 인정받지 못한다면 비평은 마땅히 저지되어야 한다. 또한 사람들이 비평을 받아들이는 것은 일종의 성숙한 용납으로 대하여야 비로소 비평할 권리를 가지고 비평할 수 있는 것이다.

　비평의 신뢰도는 비평가의 신뢰도에 달려 있다.

금 낳는 항아리

삼가 말씀에 주의하는 자는 좋은 것을 얻나
니 여호와를 의지하는 자는 복이 있느니라
잠언 16:20

노다지의 꿈을 꾸며 살아가는 사람들의 마음은
늘 가장 쉽게 속아 넘어가고
개인의 야심에 끌려가게 되는데 그 동기는 자기중심주의이다.
스스로 예수님의 이름으로라며 구호를 외치고
사방으로 복음 전파의 기치를 높이든 것처럼 보이는
그리스도인일수록 특별히 더 위험한 경우가 많다.

팔레스타인의 한 작은 마을에 한 노인이 살고 있었다. 그는 매일 마을 앞에서 책상 다리를 하고 앉아 낡은 항아리에 흙물을 넣고 젓곤 하였다. 저은 지 몇 시간 후에 그는 항아리 속에 손을 넣어 큰 금덩어리를 꺼냈다. 날이면 날마다 사람들은 거기에 앉아 있는 노인이 금덩어리를 꺼내는 그 순간을 기다리며 지켜보고 있었다. 그가 금덩어리를 꺼낼 때 사람들은 놀라 서로 소근소근하곤 했다.

어느 날 한 젊은이가 당당하게 이 노인에게 다가가 물었다.

"어르신께서 어떻게 금이 되게 하는지 가르쳐 주실 수 있으세요?"

"물론이지, 조금도 어렵지 않네."

노인이 대답했다.

"여기 내게 있는 것은 단지 보통 항아리, 기다란 막대기 한 개, 흔해빠진 진흙, 그리고 마을에 있는 샘물이네. 내가 진흙과 물을 항아리 안에 부어 넣고 젓기 시작하면 조금 후에 금이 나타나고 나는 그저 손을 넣어 그것을 꺼낼 뿐이라네."

이 젊은이는 바로 가서 항아리 한 개, 약간의 흙, 한 통의 물을 구한 후 흙과 물을 항아리에 넣고 나서 젓기 시작했다. 하루 종일 한 번도 쉬지 않고 젓고 나서 금이 나오는지 보았다. 이튿날도 그는 계속해서 날이 저물도록 저었다. 그런데 아무리 오랫동안 저어도 금덩어리는 커녕 금가루 한 톨도 보이지 않았다.

그는 순서가 잘못되었든지 아니면 도구를 잘못 사용했을 거라고 생각했다. 마침내 그는 한 수 더 배우고자 노인을 찾아갔다. 그 노인은 아주 정중하게 말했다.

"자네가 어떻게 했는지 어떤 순서로 했는지 말해 보
게나."

이 젊은이는 그가 했던 순서대로 자세히 설명했다.

그가 말을 마쳤을 때 노인은 조금 생각한 후에 말
했다.

"참, 내가 한 가지 중요한 점을 깜빡 잊고 자네에게
말하지 않았군. 자네가 저을 때 절대 금을 생각해서는
안 된다는 것이네."

- 기도하지도 않고 노력하지도 않은 채 요행을 바라고 있
지는 않습니까?
- 당신은 매일 말씀에 비추어 마음을 깨끗이 하려고 노력
하고 있습니까?

마음이 청결한 자

　성공은 언제나 사람을 매료시키는 힘이 크다. 마치 꽃이 꿀벌을 끌어들이는 것과 같이 성공은 사람들의 마음을 끌어들인다.

　교회에서도 금 낳는 항아리와 같은 행운이 찾아들기를 바라는 풍조가 만연하다. 이러한 노다지 열풍은 개인의 영웅심만을 부추길 뿐이다.

　너무나 가능성만을 강조하는 것은 자아를 속이는 것이다. 이것은 매우 자기중심적이어서 복음전파의 깃발을 들고 예수님의 이름으로 행해질 때 사람을 해치고 위험을 초래하게 된다.

　그러나 금을 발견했다는 소식이 전해질 때, 그리고 당신 자신도 이미 항아리를 준비하여 캐러 갈 때, 잠시 멈춰서서 당신의 마음이 어디에 있는지 살펴보는 것이 필요하다. 예수님께서 아주 오래 전에 이미 말씀하셨기 때문이다.

　"마음이 청결한 자는 하나님을 볼 것임이요."

“마음이 청결한 자는

하나님을

볼 것임이요.”

당신은 성자인가, 백마인가?

이것이 어찌 내가 기뻐하는 금식이 되겠으며
이것이 어찌 사람이 자기의 마음을 괴롭게 하
는 날이 되겠느냐 그의 머리를 갈대 같이 숙이
고 굵은 베와 재를 펴는 것을 어찌 금식이라
하겠으며 여호와께 열납될 날이라 하겠느냐
이사야 58:5

이스라엘아 들으라
우리 하나님 여호와는 오직 유일한 여호와시니,
너는 마음을 다하고 뜻을 다하고 힘을 다하여
네 하나님 여호와를 사랑하라.

한 젊은이가 한번은 위대한 랍비가 있는 곳에 가서 랍비가 되게 해달라고 구했다. 때는 바야흐로 겨울로 접어들었다. 랍비는 창문 곁에 서서 문 밖의 정원을 보고 있었다. 그런데 이 랍비 후보생은 랍비의 귓가에 소곤소곤 간절하게 자기가 얼마나 경건한 삶을 살기 위해 정진했는지 설명하고 있었다.

"보세요. 랍비님, 저는 언제나 옛날의 성자처럼 얼룩 한 점 없는 하얀 옷을 입고 다닙니다. 저는 물만 마시지 알코올이 들어간 음료는 결코 마셔 본 적이 없습니다. 동시에 고행을 수행하고 금욕 생활을 행했습니다. 자기를 극복하기 위해 제 신발 안에 못을 박았습니다.

심지어 가장 추운 날씨에 자신을 쳐 복종시키기 위해 벌거벗은 몸으로 눈밭에 누워 있었습니다. 매일 회당지기는 저의 등에 40대 회초리질을 하고 제가 장기간 고행하도록 했습니다."

마침 이 젊은이가 말하고 있을 때 어떤 사람이 한 마리의 백마를 끌고 정원 음수조로 들어섰다. 말은 물을 마시고 평상시 하는 대로 눈밭에서 뒹굴었다.

랍비가 소리쳐 말했다.

"보게나. 저 동물도 몸에 하얀색을 입고 있네. 물만 마시고 발에는 말발굽이 박혀 있고 알몸으로 뒹굴고 있지 않은가. 틀림없이 그의 주인은 매일 그의 볼기를 40대 채찍질할걸세. 내가 지금 자네에게 묻겠네. 저 동물이 성인인가? 아니면 한 마리 말인가?"

주님을 얼마나 사랑하는가?

　1세기 때 많은 랍비의 영적 생활의 초점은 몸을 상해하는 것과 음식 규정과 안식일을 지키는 것에 맞추어져 있었다. 그러나 아무도 이런 것들이 율법의 중심이라고 말한 적이 없다. 그들은 모두 "들으라 이스라엘아. 오직 여호와만이 우리의 하나님이시고 우리의 주시며 너희는 마음을 다하고 성품을 다하고 힘을 다해 너의 하나님을 사랑하라"의 의미를 올바르게 깨닫지 못하였다.

　그들이 율법을 실천하는 것은 신분을 나타내는 울타리 표지처럼 누가 하나님 집안의 사람이고 누가 아닌지를 알아보게 하려한 것이다.

　많은 그리스도인들은 영적인 사람은 매일 경건의 시간을 갖고, 기도하고, 수입의 십분의 일을 하나님께 헌금하고, 또 교회에서 섬기는 사람이라고 생각한다.

　그러나 진정한 영적임은 내가 하나님을 사랑하고 사람을 사랑하는 가운데 성장하고 있는지, 내가 얼마나 많이 예수 그리스도의 은혜 가운데 살고 있는지, 내가 얼마나 그리스도를 닮아가는지에 있다.

자유로움 속에 진정한 얼음이 있다

그러므로 누구든지 이 어린 아이와 같이
자기를 낮추는 사람이 천국에서 큰 자니라
마태복음 18:4

한 유명한 수도원 원장 아나스타시우스(Anastasius)는 20세겔 가치의 한 권의 아주 멋진 양피 성경을 가지고 있었다. 아나스타시우스는 매일 묵상할 때 그것을 읽곤 했다.

한 번은 한 수도사가 그를 방문하여 그 책을 한 번 보고 싶다고 말했다. 이튿날 아나스타시우스는 성경을 읽으려고 찾았으나 성경이 사라진 것을 알게 되었다. 그는 즉시 성경을 한 번 보고 싶다던 그 수도사가 떠올랐고 그가 가져갔을 것으로 생각했다. 그렇지만 그는 사람을 보내 그를 붙잡지 않았다. 그렇게 하면 강도죄 외에 거짓증거죄가 추가되어 죄가 더 엄하게 될까 걱정했기 때문이다.

그 수도사는 훔친 성경을 가지고 성에 도착하여 18세겔에 팔려고 마음먹었다.

사겠다고 하는 사람이 이렇게 말했다.

"이 책을 먼저 나에게 주시오. 그래야 이 책이 그만큼의 가치가 있는지 알 것 아니겠소."

사겠다고 하던 사람은 그 성경을 가지고 성 아나스타시우스 앞으로 가서 물었다.

"원장님, 이 책을 한 번 보시고 그 가치가 18세겔이 되는지 말씀해 주시겠습니까?"

아나스타시우스가 말했다.

"그래, 이 책은 참 좋은 책이네. 18세겔이면 완전 파격 세일 값이네."

그래서 사고자 했던 사람은 그 수도사를 찾아와 말했다.

"여기 돈 받으시오. 내가 이 책을 가지고 아나스타시우스 원장님께 보여 드렸는데 그분께서 18세겔 값어치가 된다고 그러셨소."

이 수도사는 깜짝 놀랐다.

"그분께서 그 말씀만 하셨소? 다른 말씀은 안 하셨소?"

"예, 다른 말씀은 안 하시던데요."

"그렇다면… 내가 생각이 바뀌었소. 이 책 팔고 싶지 않소."

그는 아나스타시우스를 찾아가 울면서 책을 되돌려 받도록 간청했다. 그러나 아나스타시우스는 아주 온유하게 말했다.

"아니요 형제, 그냥 가지시지요. 제가 당신께 드리는 선물입니다."

그러나 수도사는 말했다.

"만약 원장님께서 돌려받지 않으시면 제게 평안이 없습니다."

이일 후에 일생 동안 이 수도사는 줄곧 아나스타시우스와 함께 거하게 되었다.

- '자신을 낮춘다'는 의미를 깊이 생각해 보십시오.
- 주님을 위해 당신이 소유하고 있는 것의 얼마만큼을 내어드릴 수 있습니까?

완전한 포기

　영적인 사람인가 아닌가에 대한 기준은 바로 내려놓음에 있다.

　진정으로 영적인 것은 바로 자유로움이다. 자유로움은 경험하는 것이지 획득되는 것이 아니다. 받아들이는 것이지 얻는 것이 아니다.

　자유로움을 경험하기 위해서는 얻는 것과 내려놓는 것 사이의 상호작용을 알아야 한다.

　왜냐하면 우리는 기쁨으로 내려놓을 때 가장 가치 있는 것을 얻을 수 있기 때문이다.

　우리는 자신이 갖고 싶은 것은 반드시 손에 넣어 소유해야 한다고 생각한다. 그러나 진정한 영적 가치는 완전히 포기하는 것으로부터 주어진다.

갖고자 하는 사람과
주고자 하는 사람의
차이는
영적인 성숙도의 차이와 같다.

19 천사가 세 번 와서 돕다

비판하지 말라 그리하면 너희가 비판을 받지 않을
것이요 정죄하지 말라 그리하면 너희가 정죄를 받지
않을 것이요 용서하라 그리하면 너희가 용서를 받을
것이요 누가복음 6:37

한 작은 마을에 세 명의 사이좋은 친구가 살고 있었다. 한 사람은 회교, 한 명은 유대교, 그리고 한 명은 기독교인으로서 서로 인접한 밭에서 경작하고 있었다. 회교인은 금요일을 안식일로, 유대인은 토요일을, 기독교인은 일요일을 안식일로 삼고 있었다.

가을의 어느 금요일, 낮이 가까운 때, 유대인과 기독교인은 방금 그들의 밭의 쟁기질을 마쳤다. 기독교인이 앉아 점심을 먹을 때 그의 회교인 친구가 아직 쟁기질을 하지 않음을 보았다.

"그가 오늘 밭을 갈지 않는다면 내일 만약 비가 오

면 씨 뿌리기를 마치지 못할 것인데, 내가 쟁기질을 조금 해서 그의 일을 좀 덜어 주어야겠는걸."

그래서 그는 그렇게 했다.

인접한 유대인도 같은 생각을 품고 왔다. 그래서 이 두 사람은 서로 상의 없이 바로 그들의 이웃의 밭을 모두 쟁기질한 것이다.

이튿날, 이 회교인은 그의 밭이 이미 쟁기질이 되어 있는 것을 발견하고 기뻐서 말했다.

"내가 안식일을 준행할 때 주님께서 천사를 보내 내 밭을 가셨구나."

몇 개월 후에 수확철이 다가 왔을 때, 이 세 친구의 농작물은 모두 알알이 여물었다.

어느 일요일, 유대인과 회교인이 한창 그들의 농작물을 수확하고 있을 때, 그들의 기독교인 친구는 주일을 지키고 있었다. 유대인이 수확을 마쳤을 때 그의 기독교도 친구의 농작물도 수확할 때가 됐음을 알아차렸다.

"만약 그가 오늘 수확하지 않으면 일부분의 수확이

손실이 있을 것인데…" 그는 생각했다.

"날이 어둡기 전에 그의 수확을 도와주어야겠는 걸."

그래서 그는 그렇게 했다.

그는 회교도 친구도 이렇게 생각하고 있다는 것을 알고 함께 친구의 농작물을 모두 수확했다.

월요일, 기독교인 친구가 밭에 나갔을 때 그의 모든 작물이 수확되어 있음을 발견했다.

'이건 기적이군.' 그는 생각했다.

'내가 쉬고 있을 때 하나님의 천사가 수확을 했군.'

탈곡 기간 중의 어느 토요일, 회교인과 기독교인은 밭에서 일했지만 그들의 유대교도 친구는 집에서 안식일을 지켰다. 회교인이 탈곡 일을 마쳤을 때 이웃을 바라보며 마음에 생각했다.

'만약 나의 유대인 이웃이 오늘 곡식을 거둬들이지 않으면 빗물에 곡식이 씻겨갈 것이고 그렇게 되면 그에게 손실이 있을 것이다. 내가 오늘 오후에 그를 위해 일

부 곡식을 거둬들여야겠는걸.'

그는 그의 기독교인 친구도 같은 결정을 했는지 알고서 이 두 사람은 곡식을 거두어 단으로 묶어 덮어 두었다.

안식일이 끝날 때 즈음, 이 유대교 친구는 자기의 모든 곡식이 추수되어 있음을 발견했다. 그는 눈을 들어 하늘을 바라보며 기도했다.

"우주를 창조하신 여호와 하나님이여, 제가 당신의 안식일을 지켰을 때 당신께서 당신의 천사를 보내셨군요."

율법주의의 독

　예수님께서는 바리새적인 형식주의를 항상 엄격히 처리하셨다. 바리새인들은 예수님을 미워했다. 주님께서 그들의 종교적 거짓말과 도를 넘어선 영적인 언어와 논쟁으로 대중을 오염시키는 것을 거절하셨기 때문이다. 바리새인들은 스스로를 과시하고, 의롭게 여긴다. 가장 심각한 것은 바리새인들이 가시줄기 같은 율법주의를 퍼뜨려 그것들을 종교 편집적이고 가혹한 포도원에서 키운다는 것이다. 이를테면 그들은 진정으로 진리를 찾는 사람들이 하나님을 가까이 하는 것을 막는다.

　율법주의는 마치 독사와 같다. 그래서 그리스도의 지체 안에 사람을 앓아눕게 하는 독액을 퍼뜨린다. 이 독액은 우리의 눈을 상하게 할 뿐만 아니라 우리의 민감도를 둔화시키고 또한 우리 내면의 교만을 불러일으킨다. 그것은 아주 빨리 한 꾸러미의 표준을 가지고 우리의 심령에 들어오고 다른 사람을 거르고자 할 때 우리의 사랑은 광채를 잃게 된다.

　우정의 기쁨은 판단하는 태도와 비평하는 눈길로 인해 좌절을 맞게 된다.

에스겔의 수레바퀴

그리스도의 말씀이 너희 속에 풍성히 거하여 모든 지혜로 피차 가르치며 권면하고 시와 찬송과 신령한 노래를 부르며 감사하는 마음으로 하나님을 찬양하고 또 무엇을 하든지 말에나 일에나 다 주 예수의 이름으로 하고 그를 힘입어 하나님 아버지께 감사하라 골로새서 3:16,17

네 명의 랍비가 있었다. 그들은 천사의 인도에 의해 오랜 전설의 에스겔의 수레바퀴를 보게 되었다. 직접 눈으로 그 영광스런 광경을 보고 난 후 랍비들의 반응은 각기 달랐다.

첫 번째 랍비는 바로 정신이 나가버렸다. 그는 얼이 빠져 입에서 하얀 거품을 내뱉고 무위도식하며 목적 없이 세상을 방황했다.

두 번째 랍비는 불합리한 세상을 증오하게 되었다. 몸소 직접 본 것을 인정하지 않을 뿐만 아니라 모두 부정했다. 그는 자신에게 이렇게 말했다.

"그것은 단지 내가 꿈에서 본 것에 불과하고 그 어떤 에스겔의 수레바퀴도 없었어. 그것은 진짜가 아니야. 모두가 내 스스로 상상해낸 것에 불과하다."

세 번째 랍비는 흥분을 감추지 못했고 만나는 사람마다 그의 기이한 경험을 끊임없이 사람들과 나누었다. 그는 설명서를 사용해서 빠짐없이 수레바퀴의 구조에 대해 소개했고 또 그것이 얼마나 복잡하고 이해하기 어려운지 설명했다. 그는 번거로움도 마다하고 수레바퀴의 구조를 해부하고 그것이 의미하는 바를 섬세하게 해석했다. 그는 이 수레바퀴에 깊이 심취되어 심지어 원래 신앙마저 배반하게 되었다.

네 번째 랍비는 시인이요 이야기에 능통한 사람이었다. 이 때문에 그는 에스겔의 수레바퀴의 아름다움에 대한 소감을 종이와 붓을 들고 창문 옆에 앉아 책상에

파묻혀 한편 한편의 시를 지어 눈앞에 보이는 것 모두를 찬양했다. 하나님의 창조, 요람 안에 있는 딸, 그리고 하늘 위의 별들이 모두 그의 노래의 대상이 되었다. 그는 인생에 대해 색다른 관점을 갖게 되었고 삶도 이전에 비해 훨씬 아름답게 되었다.

- 성경말씀을 대하는 자신의 마음가짐을 점검해 보십시오.
- 성경에 나오는 모든 말씀을 의심없이 순수하게 믿으십니까?

찬송하는 삶

우리 주변에는 네 종류의 다른 유형의 사람들이 있다.

첫 번째 사람은 오랜 동안 초조함과 강박관념에 시달리며 계속 비난 가운데 산다. 그는 늘 말한다.

"즐거움과 흥분은 고통스런 일인데, 왜냐하면 그같은 즐거운 마음은 덧없이 사라지고 적잖은 노력도 연기와 구름처럼 사라지고 또 항상 기쁨 끝에는 슬픔이 생기기 때문이지요!"

그래서 그는 고립과 잠으로 자기를 숨기고 세상과 단절된 생활을 꾸려간다. 결국 인생의 방향을 잃고 만다.

두 번째 사람은 이성주의자로서 초자연적이고 신기한 것들에 대해 변론하기를 좋아한다. 그는 자신을 고립시켜놓고 마치 세상이 존재하지 않는 것 마냥 부인한다. 세상 가운데 발생한 초자연적 사건에 대해 그는 믿지 않는다.

그는 근본적으로 어떤 사람도 신뢰하지 않는다. 누군가가 그에게 하나님이 존재하시는지 묻는다면 그는 매우 비웃는 말투로 대답한다.

"우리는 하나님이 존재하는지 존재하지 않는지 모르면서 무조건 그분이 존재한다고들 말하지요. 만약 우리가 그분은 없다고 말했다가 만약 그분께서 진짜로 계신다면 그분은 몹시 화를 낼 것이기 때문이지요!"

세 번째 사람이 사는 생활방식은 끊임없이 주변 사람들을 가르치고 지도하고 방향을 제시하고 비평하고 지적하여 올바로 바로잡는 삶을 살아간다.

심지어 교회 주보를 접는 것조차도 자신의 감독 하에 자신의 방식에 따라 새롭게 다시 한 번 접도록 할 정도다. 설령 그가 설교를 잘하고 가르치기를 잘한다 해도 생생한 인간의 삶의 현장과는 연계하지 못한다.

네 번째 사람은 시인과도 같이 감성이 풍부하고, 관계를 아름답게 지속시키며 대화에 능한 사람이다. 단순하게 세상을 감상하는 것 같지만, 동시에 철저하게 세상 가운데 살며 찬양으로 세상을 대한다. 또한 끊임없이 자신이 감동한 삶을 나누어 주려고 한다.

그리스의 저명한 작가요 철학자인 니코스 카잔자키(Nikos Kazantzaki)의 기도가 우리를 온전히 찬양의 세계에 뛰어들게 하는 열정을 불러일으킨다.

주여! 저는 당신 손위에 있는 활입니다.
저를 잡아당겨 주십시오.
그렇지 않으면 저는 부패하게 될 것입니다.
잡아당기시려면 힘껏 잡아당겨 주십시오, 주님.
끊어져도 주님을위해서라면 감사할 것입니다.

고통 중에서 먼저 슬픔을 배우라

찬송하리로다 그는 우리 주 예수 그리스도의 하나님이시요 자비의 아버지시요 모든 위로의 하나님이시며 우리의 모든 환난 중에서 우리를 위로하사 우리로 하여금 하나님께 받는 위로로써 모든 환난 중에 있는 자들을 능히 위로하게 하시는 이시로다 고린도후서 1:3,4

만약 우리가 다른 사람을 위로하고자 한다면,
먼저 고통 가운데 어떻게 슬퍼해야 하는지
하나님께서 방법을 가르쳐 주시도록 기도해야 한다.
그럴 때 우리는 비로소
어떻게 사람을 위로하는지 알게 된다.

랍비 요하넌의 아들이 세상을 떴을 때 그의 학생들이 앞을 다투어 조문을 왔다.

첫 번째는 랍비 엘라이져였다. 그는 아들을 잃은 아픔으로 불행한 아버지의 슬픔을 풀어주고자 물었다.

"랍비님, 저의 몇 마디 말을 들어주실는지요?"

"말해보게나!" 요하넌이 동의하며 말했다.

엘라이져는 말하기 시작했다.

"아담이 아들이 있었는데 죽었습죠. 하지만 아담은 스스로에게 위로를 받았습니다. 우리는 이 사실을 분석하여 알게 되었지요. 아담과 하와는 나중에 잃은 것을 달게 여겼고 그들이 세상에서 할 일을 달성했습니다.

사부님도 마찬가지입니다. 그러니 아드님을 잃은 고통에서 속히 스스로 위로를 찾아야 합니다.”

요하넌이 나무라며 울며 외쳤다.

“내 슬픔이 너무 중하네.

자네가 아담의 슬픔을 가지고 이렇게 꼭 나를 가르쳐야만 하겠는가?”

잠시 후 랍비 여호수아가 안으로 들어와 말했다.

“랍비님, 제가 성경을 빌어 몇 마디 해도 되겠습니까?”

“해보게!”요하넌이 말했다.

여호수아는 말하기 시작했다.

“욥이 아들도 있고 딸도 있었지만 모두 같은 한날 죽었습죠. 그럼에도 불구하고 그는 위로를 찾았습니다. 우리가 이 사실을 어떻게 알 수 있습니까? 그가 스스로 말한 적이 있지요. ‘주시는 분도 하나님이시요 거두어 가시는 분도 하나님이시니 하나님의 이름이 찬송을 받을지어다.’ 어르신도 이처럼 위로를 찾으셔야 합니다.”

요하넌은 울며 나무라며 말했다.

“나의 고통이 너무 크네!
자네가 욥의 슬픔으로 나를 가르치려 하는가? ‘

랍비 요셉이 이어 들어왔다.
“제가 어르신께 몇 마디 위로의 말을 해도 되겠습니까?” 그가 여쭈었다.
“말해보게!” 요하넌이 말했다.
요셉이 말하기 시작했다.
“아론에게 두 명의 다 큰 아들이 있었는데 같은 날 죽었습죠. 그럼에도 불구하고 아론은 스스로 위로를 받았습니다. 우리가 어떻게 이 사실을 알 수 있습니까? 당시 아론은 조용히 말 한마디 안했다고 기록되어 있습니다. 사람이 슬픔 후에 침묵하게 될 때 이것은 바로 슬픔이 그치고 위로를 받았다는 증거입니다. 그러니 랍비님도 아들을 잃은 불행 중에 위로를 받는 것이 마땅합니다.”
요하넌은 울며 나무라며 말했다.
“내 슬픔이 너무나 크네!
자네가 아론의 슬픔으로 나를 가르치려하는가?”

요셉이 떠난 후 랍비 시몬이 연이어 들어왔다.

"랍비님, 성경을 빌어 몇 마디 말해도 되겠습니까?"

"말해보게!" 요하넌이 말했다.

시몬이 말하기 시작했다.

"다윗 왕이 아들이 한 명 있었는데 죽었습니다. 그럼에도 불구하고 그는 스스로 위로를 받았습니다. 우리가 어떻게 알 수 있습니까? 성경에 써져 있습니다. 그와 밧세바가 동침하고 스스로 위로를 받았다고 기록되어 있습니다. 그녀는 다윗 왕을 위해 아들을 한 명 낳았고 솔로몬이라 이름 지었습니다. 이같이 어르신도 위로를 찾으셔야 합니다."

요하넌은 울부짖으며 말했다.

"이내 몸의 슬픔이 너무 크네!

자네가 다윗의 슬픔으로 나를 교훈하는 건가?"

마지막으로 조문 온 사람은 랍비 시레얼이었다.

"랍비님, 몇 마디 위로의 말을 할 수 있도록 해주십시오."

"말해보게!" 요하넌이 말했다.

시레얼이 말하기 시작했다.

"제가 더할 나위 없이 적합한 예를 하나 들어 보겠습니다.

한 왕이 값어치가 무척 나가는 보물을 청지기에게 맡겨 보관토록 했습죠. 이 청지기는 매일 슬피 탄식하며 말했습니다.

'정말 괴롭군! 왕은 언제쯤 돌아와서 보물을 가져가나! 그렇게 되면 나는 더 이상 이렇게 무거운 책임을 지지 않아도 될 텐데 말이야!'

어르신께서도 이러한 보물을 갖고 계시지 않으셨는지요? 어르신의 아드님이 이룬 업적은 대단하고 게다가 조예가 깊은 유대학자였습니다. 그는 유감없이 세상을 떠났습니다. 그 스스로도 어르신이 가르쳐준 신앙대로 살려고 노력했고 또 이를 해냈습니다. 만왕의 왕께서 대신 어르신께 맡겨 보관하도록 한 그 보배를 어르신은 한 점 부끄럼 없이 두 손 들어 돌려 드렸습니다. 이 얼마나 감사한 일인지요. 허니 이제 위로를 받아야 하지 않겠습니까!"

요하넌은 외쳐 말했다.

"자네가 진정으로 나를 위로하는군. 시레얼, 내 아

들아!"

요하넌은 그 즉시 몸을 일으키고 아들 잃은 슬픔을 까맣게 잊게 되었다.

위로의 기술

다른 사람이 슬픔 가운데 있을 때 너무 빨리 위로하고자 하면 당시의 감정으로 인해 혹은 동정을 표시해야 한다는 의무감이 더해져, 위로가 자칫 상대에게 은혜를 베푸는 식이 되고 만다. 이런 위로는 슬픔에 잠겨있는 사람들에게 오히려 상처를 주게 되어 슬픔을 해결하는 데 도움을 줄 수 없게 된다. 위로하러 간 사람의 필요이상의 많은 말과 상대를 훈시하고자 하는 태도는 슬픔 가운데 있는 사람에게 도리어 무정한 모습으로 비치게 된다.

"어떻게 사람을 불쌍히 여겨야 하는가?"

슬픔 중에 있는 사람에게 위로는 기계화 내지 체계화 될 수 없다. 만약 미리 녹음 제작된 감정으로 슬픔에 잠겨 있는 사람을 돕고자 한다면, 우리는 욥의 친구라는 챔피언 타이틀을 몸소 얻게 될 것이다.

위로의 기술 네 가지를 살펴보자.

첫째, 귀 기울여 듣는 것이 매우 중요하다. 위로는 터놓고 말할 대상을 찾는 것이다. 듣는 사람에게 충고를 하거나 자신의 유사한 경험을 들먹일 필요가 없다.

둘째, 슬픔의 원인을 파악하라. 만약 위로하는 사람이 슬픔의 원인을 언급하길 회피한다면 더욱 슬픔을 가중시키게 된다.

셋째, 신체접촉이 중요하다. 슬픔 중에 있는 사람에게 격의에 맞는 말을 할 수 없다면 그냥 두 팔을 벌려 그를 안아주라.

넷째, 그들과 함께 우는 것도 큰 도움이 된다. 다른 사람 앞에서 체면을 내려놓고 우는 것은 일종의 치료법이다.

22 추남과 악녀가 화타(華陀)를 만나다

너희는 말씀을 행하는 자가 되고 듣기만 하여 자신을 속이는 자가 되지 말라 야고보서 1:22

한 쌍의 부부가 있었다. 남편은 못생긴데다 귀머거리였고 아내는 표독스럽기로 이름난 여자로 어려서부터 눈먼 소경이었다. 아내는 눈이 멀어 자기남편이 얼마나 못생겼는지 알지 못했고 남편은 귀가 멀어 자기 아내의 말이 얼마나 까다롭고 매정한지 알지 못했다. 그래서 그들은 봉사가 코끼리 만지는 식으로 서로 의지하며 화목하게 잉꼬부부라는 말을 들으며 몇 년 동안 원만한 삶을 살아갔다.

그러던 어느 날 부부는 한 명의(名醫)의 소문을 듣게 되었다. 그 의사는 의술이 뛰어나고 각종 난치병을 고쳤다. 그래서 부부는 그 명의를 찾아뵙고 그들의 몸의 장애를 고칠 수 있는 가능성이 있는지 물어보기로 작정했다. 그들은 필요한 검사를 받았고 의사는 확신있게 아내와 남편 둘다 고칠 수 있다고 장담했다. 그래서 부부는 정한 날짜에 필요한 의료비용을 모두 지불하기로 동의했다.

과연 명의의 의술은 대단했다. 부인에게 새롭게 광명을 볼 수 있게 해주었고 남편의 청력을 회복시켜 주는 데 성공했다. 하지만 불행하게도 그처럼 신기하게 나음을 받은 것이 도리어 그들의 행복하고 즐거웠던 부부생활에 마침표를 찍게 했다.

본래 듣지 못했던 남편은 이제 아침부터 저녁까지 아내의 쉴새없이 쏟아 붇는 욕 소리와 바가지 긁는 소리를 듣게 되었다. 귀찮아 참을 수가 없었다. 아내는 결혼 후 몇 년 만에 처음으로 남편의 못생긴 얼굴을 보았는데, 차마 눈뜨고 똑바로 볼 수 없었다. 남편의 얼굴을 두 번 다시는 보고 싶지 않았다. 그래서 두 사람은 서로를 얼음장 대하듯 대했고, 사이가 갈수록 멀어져 결혼

생활이 파탄지경에 이르게 되었다. 그래서 명의가 의료비 청구서를 보내왔을 때 그들은 지불하기를 거절했다. 되레 의사가 그들에게 정신적 손해배상금을 지불해야 된다고 말했다. 의사가 그들의 본래의 아름답고 원만했던 결혼생활을 망쳐놨다고 생각했기 때문이다.

부부가 마음을 굳게 고쳐먹고 의료비를 절대로 내지 않겠다고 벼르자 이를 짐작한 의사는 어이없어하며 말했다.

"만약 나의 의술로 당신들이 불행하게 되었다면, 내가 정중히 행복을 돌려줄 용의가 있소. 만약 당신들이 원한다면 선생님은 다시 벙어리가 되게 하고, 부인은 다시 봉사가 되게 할 수 있소. 모든 것을 나를 만나기 전의 상태로 되돌려 주겠소. 그렇다면 당신들은 예전에 그 행복하고 원만했던 생활로 되돌아갈 것이오."

이 제의에 대해 그 부부는 모두 완강히 반대했다.

"좋소!"

명의가 대답했다.

　"당신들이 예전의 장애의 상태로 되돌아가고 싶지 않다는 것은 분명히 내 의술이 당신들을 예전보다 행복하게 만들었다는 증거요. 그러니 당신들은 내게 의료비를 지불해야 마땅하오!"

- 자신에 대해 책임을 진다는 것은 무슨 뜻입니까?
- 자신의 불행을 남의 책임으로 전가한 적은 없습니까?

책임

　사람들은 자기의 언행때문에 빚어진 나쁜 결과에 대해 책임지는 것을 거절한다.

　인간의 근본 문제 중의 하나는 바로 자신의 본성을 보지 못한다는 것이다. 이는 또한 모든 문제의 근원지이기도 하다. 자기본성에 대해 책임을 지지 않고자 하는 것은 많은 문제의 근원이 된다. 이것은 또한 스스로 새로워지고 변화되고자 하는 길을 거절하는 것이기도 하다.

　만약 하나님이 사람에게 부여한 생명이 이처럼 고귀하여 사람들이 가볍게 포기할 수 없다고 한다면, 사람들은 마땅히 삶 가운데 향유하고 있는 특권에 대해 대가를 지불해야 할 것이다.

　그렇다면 어떤 대가를 지불해야 하는가?

　하나님 앞에 자기 언행에 대해 마땅히 져야 할 책임을 지는 것이다.

여기에 또 저기에

이와 같이 행함이 없는 믿음은 그 자체가 죽은 것이라 어떤 사람은 말하기를 너는 믿음이 있고 나는 행함이 있으니 행함이 없는 네 믿음을 내게 보이라 나는 행함으로 내 믿음을 네게 보이리라 하리라 야고보서 2:17,18

가장 이상적인 영적상태는 세상으로 들어가는 것인데,
즉 여기에는 있고 저기에는 없는 것이다.
그러나 또한 세상으로 부터 나오는 것인데,
즉 저기에는 있고 여기에는 없는 것이다.

아크바라 불리는 몹시 까다로운 왕이 있었다. 그의 제위시절에 조정에 재간이 많고 기지가 남달리 뛰어난 제상이 있었는데 이름이 피얼보였다. 아크바 왕은 사람들에게 자주 어려운 문제를 내어 다른 사람을 난처하게 만들길 잘했는데 피얼보는 항상 묻는 문제마다 답을 해서 위험한 고개를 넘기고 관직을 보전하고 있었다.

그날도 아크바 왕은 또다시 피얼보에게 물었다.

"여기에는 있는데 저기에는 없는 사람을 찾아 즉각 왕 앞에 대령할 수 있겠는가?"

곧바로 피얼보는 도둑을 한 명 끌고 와서 설명하기 시작했다.

"이 도둑은 이 세상에서 그저 힘들이지 않고 얻으려고만 하고, 다른 사람이 고생해서 얻은 것을 앉아서 즐기려고만 하며, 자기의 재물과 보물을 쌓고자 합니다. 이 사람이 바로 여기에만 있고 저기에는 없는 사람입니다."

그 후에 아크바 왕은 다시 피얼보에게 '저기에는 있는데 여기에는 없는 사람'을 데려와 보이라고 말했다. 피얼보는 고행에 열중하고 있는 탁발수도사 한 명을 데리고 왔다.

"폐하, 이 사람은 이 세상의 모든 것을 완전히 가볍게 봅니다. 게다가 그의 몸과 자신의 행복도 가볍게 여기고 속세의 음식도 먹지 않고, 가난하며 평생 형이상학의 세계를 추구하고자 힘쓰고 있습니다. 그러니 바로 이 사람이 저기에는 있고 여기에는 없는 사람이 아니겠는지요."

"좋아!"

아크바 왕이 말했다.

“그러면 이번에는 ‘여기에도 없고 저기에도 없는 사람’을 한 명 데려오게!”

피얼보는 물러나기가 무섭게 거지 한 명을 데리고 왕 앞에 왔다.

“이 사람이 바로 여기에도 없고 저기에도 없는 사람입니다. 그는 항상 세상의 모든 사람을 부러워한 나머지 자기를 본체만체하지요. 세상과 함께 춤출 수 없기 때문에 오로지 다른 사람들의 베풂만을 기다리고 있습니다. 또 영적인 일에는 관심조차 없지요.”

“아주 좋아!”

아크바 왕은 한편으로는 만족해하며 피얼보를 칭찬하고, 다른 한편으로 또 다른 어려운 문제를 생각해 냈다.

“그러면 세상에 ‘여기에 있으면서 또 저기에 있는 사람’은 없는가?”

“있습니다! 폐하.” 피얼보는 확신하게 대답했다.

곧바로 성실한 한 쌍의 청지기 부부를 데려와 칭찬하며 말했다.

“이 청지기 부부는 세상에서 부지런히 일했고, 그들의 가정을 돌봤습니다. 범사에 주님을 높이 받들었고, 경건함과 영적훈련으로 순조로운 날이나 힘겹고 어려운 날들을 보냈습니다. 이러므로 그들은 여기에도 있고 또 저기에도 있는 사람입니다.”

“정말 훌륭하군!”

아크바 왕이 감탄하고 칭찬하며 말했다. 그러나 잠시 후 또다시 머리를 굴려 다음번에 피얼보에게 도전할 어려운 문제를 생각하기 시작했다.

- 세상에 살면서 하늘에 속한 삶을 사는 것이란 무엇인지 생각해 보십시오.

- 어느 한곳으로만 치우치는 신앙생활을 하고 있지는 않습니까?

신행일치

어떻게 해야 믿음과 행함이 하나가 될 수 있는가?

또한 어떻게 해야 행함 중에 묵상할 수 있고, 또 묵상 중에 행할 수 있는 여기에도 저기에도 있는 사람이 될 수 있을까?

사람들은 보통 속세 안에 있기 때문에 여기에 있는 것이 되지만 저기에 있는 것은 아니다. 혹은 속세 밖에 있다면 저기에는 있지만 여기에는 있는 것이다. 그런데 바람직한 영적 모습은 여기에도 있고 또 저기에도 있는 것이다.

예수님께서는 이 세상에 계시면서 공생애의 삶을 사셨지만, 사실은 이 세상에 속하지 않으셨다.

마르다와 마리아, 이 두 자매는 개성이 각기 다르고, 개인의 영적생명 또한 확연히 다르다.

언니 마르다는 행동하는 인생을 대표하는데, 이는 앞을 걱정하고 뒤를 돌아보고 하나님의 자녀들을 섬기는 데 바쁜 사람을 말한다.

반면 동생 마리아는 기도하는 인생을 대표하는데, 예수님의 발 앞에 앉아 말씀을 듣고 조용히 말씀을 배우는 사람이다.

이 두 자매는 각각 두 종류의 영적 광경을 대표하는데, 하나는 행동파이며 다른 하나는 묵상파이다.

그러나 묵상과 행동은 사실은 동전의 앞면과 뒷면과 같다. 그것들은 서로 대비되는 관계가 아니다. 하나님께서 바라시는 이상적인 모습은 바로 묵상 중에 행동하고 행동 중에 묵상하므로 두 개가 하나 되는 것이다.

우리는 온전한 그리스도인의 삶을 살기 위해서 행동해야 하고 또 동시에 묵상해야 한다.

"이 청지기 부부는 세상에서 부지
런히 일했고, 그들의 가정을 돌봤
습니다.
범사에 주님을 높이 받들었고, 경
건함과 영적훈련으로 순조로
운 날이나 힘겹고 어려운 날들을 보
냈습니다.
이러므로 그들은 여기에도 있고
또 저기에도 있는 사람입니다."

전문가가 아니면 또 어떤가!

이 세상이나 세상에 있는 것들을 사랑하지 말라 누구든지 세상을 사랑하면 아버지의 사랑이 그 안에 있지 아니하니 요한1서 2:15

남해군도의 한 부락 추장이 최고급 만찬 연회를 준비하여 먼 곳에서 온 귀빈 한 사람을 대접했다. 산해진미가 한 접시 한 접시 줄지어 나오고 음악과 춤이 한 곡 한 곡 나온 후에 섬의 관례에 따라 마지막으로 귀한 손님에 대한 찬사를 베풀 순서가 되었다.

서곡이 울려 퍼진지 이미 오래였고 추장은 의연하게 그의 호랑이 가죽 보좌에 앉아 있었다. 미리 지정해 놓은 연설 전문가가 입장하더니 먼 곳에서 온 피부가 하얀 손님의 공적과 은덕을 크게 칭찬했다.

말과 표정이 장황하고 더할 나위 없는 찬사를 받은 손님은 습관을 좇아 자리에서 일어나 몸을 앞으로 약간

구부리며 추장이 베풀어 준 영광에 감사하는 말을 하고 자 했다. 그런데 추장은 가볍게 손님의 뒤 옷자락을 끌 며 말했다.

"여보시오 친구, 일어날 필요 없소."

그리고 난 후에 몸을 기울여 귓가에 대고 말했다.

"내가 이미 당신을 대신해서 감사에 화답하는 연설 을 할 대표를 지정해 놓았소. 여기서는 '비전문가'가 공개적으로 연설하는 것이 유행이 아니오. 우리들은 연 설 같은 이러한 일은 모두 전문가에게 맡겨서 하고 있 소."

● 교회를 이끌어가는 가장 근본적인 정신은 무엇이라고 생 각합니까?

● 교회 활동을 세상 일과 다름없는 기준을 적용하여 처리 하지는 않습니까?

교회는 전문 직업이 아니다

교회 일들이 마치 전문 직업처럼 되어 간다.

전문가는 전문가의 도구를 가지고 일을 한다. 우리의 도구는 마땅히 하나님의 말씀이 되어야 한다. 교회가 마치 기업처럼 세상적인 직업과 능력으로 평가되어 일을 처리해나가는 것은 바람직하지 않다. 어떤 교회들은 수많은 시간동안 행정을 처리하고, 년도 계획과 사업계획을 세우는 데 소비하는데 그것은 영혼을 돌보는 시간을 초월한다.

우리는 우리의 영적 생활에 대해 늘 자기가 방금 입문한 "풋내기"라고 생각해야 한다. 하나님과의 관계에 있어서 "일마다 전문가를 찾고, 모든 것에 테크닉을 원하는" 지경까지 퇴보하는 것을 용납해서는 절대 안 된다. 우리는 때론 서툴고 때로는 조심하고 긴장하면서 또 때로는 의심하면서 시행착오 중에 주님을 가까이하는 법을 찾을 수 있다. 우리의 이런 아마추어적 행동은 하나님을 크게 감동케 한다.

전문가가 아니라면 또 어떤가? 신앙적 초보운전자라도 주님은 기쁘게 영접해 주신다.

고기잡이 달인 베드로

여호와께서 이와 같이 말씀하시되 지혜로운
자는 그의 지혜를 자랑하지 말라 용사는 그의
용맹을 자랑하지 말라 부자는 그의 부함을 자
랑하지 말라 예레미야 9:23

예수님과 베드로는 매번 먼 길을 여행하거나 힘겨운 전도 일을 마친 후에는 좋은 친구 마리아, 마르다, 나사로의 집에 가서서 쉬곤 하셨다.

비오는 어느 날, 저녁 식사 후에 베드로는 득의양양하게 예수님께 말했다.

"우리가 한 일이 정말 대단하죠?"

"우리?" 예수님께서 대꾸하셨다.

베드로가 한참 동안 조용히 있다가 마지막에 말을 바꿔 말했다.

"좋습니다! 주님이 정말로 대단하시다구요."

"내가?" 예수님께서 또 대꾸하셨다.

베드로는 잠시 조용해졌다가 마음 내키지 않는 듯 말했다.

"좋다고요! 좋아! 하나님이 대단하시다구요!"

그제서야 예수님께서는 크게 웃으시고 기뻐서 밥상을 치셨다. 예수님이 웃으시는 걸 본 베드로는 예수님 앞으로 다가가 참지 못하고 입을 열어 말했다.

"그것보세요! 주님이 여기에 오시기 전엔 저는 이 마을에서 모르는 사람이 없을 정도로 가장 잘나가는 사람이었죠. 결코 주님 때문이 아니었다고요! 그런데 지금은 모든 사람들이 이렇게 말하죠.

'보시오! 예수님과 그분의 비서실장 베드로가 왔소. 예수님은 환자를 고치고 베드로는 조수지요!'

예전에는 이렇지 않았어요! 그때는 정말 굉장했죠! 마을 사람들이 나를 보면 모두 이구동성으로 이렇게 말하곤 했죠.

'베드로님이 오십니다. 갈릴리 전체에서 가장 위대한 어부가 오십니다!'

얼마나 많은 주목과 존경을 받았는지 주님은 모르

실거에요.”

“베드로, 듣고 보니 자네는 아주 훌륭한 어부시로 군!” 예수님이 말씀하셨다.

“그렇고말고요! 내일 제가 증명해 보이겠습니다! 우리 함께 고기잡이 나가시죠. 다른 어부들이 얼마나 저를 존경하고 또 제 실력에 감탄하는지 보여드릴테니 깐요!”

베드로가 자신만만하게 말했다.

“음! 고기잡이 가고 싶어지는군. 나는 한 번도 고기를 잡은 적이 없거든!”

모험과 새로운 일을 체험하길 좋아하시는 예수님이 말씀하셨다.

이튿날 이른 아침, 예수님과 베드로는 바닷가로 나가, 바다에 나갈 배를 준비했다. 과연 베드로가 말한 대로 다른 어부들이 베드로를 보자마자 먼저 가까이 다가와 물었다.

“고기잡이 나가려고?”

“그렇고말고!” 베드로는 그물에만 신경을 쓰고 눈

길 한번 주지 않았다.

"우리가 함께 가도 되겠는가?" 어부들이 계속 물었다.

"물론이지!" 베드로는 어깨를 으쓱이며 시원하게 말했다. 그런 후에 아주 자신만만하게 예수님을 옆으로 흘겨보며 말했다.

"보셨죠!"

베드로의 배가 먼저 출항했고, 예수님은 조용히 뱃머리에 서계셨다. 그런데 베드로는 과연 고기잡이 달인답게 한번 수온을 가늠하고 하늘을 쳐다보고 나서 호수를 째려보더니 작은 목소리로 말했다.

"저기 저쪽!"

"왜 이렇게 사람 소리 하나 없이 조용한가?"

예수님이 호기심에 물었다.

그러자 베드로가 고개를 흔들며 나지막이 말했다.

"쉬!"

이때 다른 고깃배들이 베드로가 가리킨 쪽으로 서서히 가서 둘러싸 큰 원을 그렸다.

"그물을 내려!"

베드로의 목소리가 바다에 메아리쳤다.

고깃배들은 앞 다투어 바다속으로 그물을 내렸다.

"왜 어부들은 직접 그물을 던지면 좋을 텐데 그렇게 하지 않지?" 일심으로 고기잡이를 배우고자 하시는 예수님은 이해가 안 되어 다시 물었다.

"쉬!" 베드로는 다시금 예수님께 조용히 계시라고 손짓했다.

어부들이 고기그물을 천천히 바다 가운데로 내리우고 있을 때, 예수님은 메시아의 손짓으로 배의 가장자리를 가볍게 한번 툭 쳤다. 그러자 갈릴리 온 바다의 모든 물고기들이 바다 밑바닥으로 숨어 들어가 버렸다. 어부들은 그물을 건질 때 힘들이지 않고 가볍게 끌어당길 수 있었다. 빈 그물이었기 때문이다. 맹물만 건진 것을 보고 어부들은 한결같이 베드로쪽으로 배를 저어가서는 심하게 그를 나무랐다.

"아니 베드로! 자네가 갈릴리 이 바닥에서 가장 위대한 어부 아닌가? 근데 그런 자네가 오늘 어떻게 된 건가? 우리를 피라미 새끼 한 마리 없는 곳으로 데려왔다니 도무지 상상이 안가네. 하루 중 가장 소중한 시간만

쓸데없이 허비했구먼. 물고기 그림자 하나도 안보이니 이게 어찌된 일인가? 자네 고기잡이 때려치우고 그냥 설교나 하러 가게. 고기잡이는 무슨 놈의 고기잡이. 쯧쯧쯧!"

화가 머리끝까지 난 그들은 뱃머리를 바닷가 쪽으로 돌렸다.

예수님은 아무 말씀이 없으셨다.

베드로는 그물을 점검하고 나서 수온을 가늠하고는 하늘을 둘러보았다. 그러고 나서 예수님을 바라보며 말했다.

"저쪽이오!"

그가 말을 마치자마자 예수님은 힘을 다해 그쪽으로 노를 저었다. 이렇게 예수님과 베드로는 하루 종일 찌는 듯한 뙤약볕 아래에서 노를 이리 젓고 저리 젓고, 그물을 내리고 건지기를 반복했다. 그러나 여전히 물고기 한 마리도 잡지 못했다. 해질 무렵이 되자 밤의 어두움이 서서히 드리워지기 시작했다. 지칠 대로 지친 베드로는 몸을 일으켜 배를 바닷가 쪽으로 몰았다. 녹초가 다 되신 예수님도 뱃머리에 기대어 계셨다.

배가 바닷가로 가고 있을 때, 갈릴리 바다의 모든 고기들이 바다 위로 헤엄쳐 올라와 배의 양쪽을 펄떡펄떡 왔다 갔다 하며 가로질렀다. 그리고 원형을 그리며 배를 감싸 안고 배가 해안으로 가는 동안 줄곧 떼를 지어 배를 호위해 주었다. 곧이어 물고기 떼 전부가 스스로 배 안으로 뛰어들기 시작한 것이 아닌가! 어떤 물고기들은 얼굴 가득 웃음 지으시는 예수님의 품안으로 뛰어들어왔다. 또 어떤 물고기들은 놀라움으로 가득한 베드로의 얼굴에 부딪쳤다.

배가 부두에 다다랐을 때 만선가득 실은 물고기가 너무나 무거워 배가 찌지직찌지직 소리를 내었다. 하마터면 물에 거의 잠길 뻔했다. 바닷가에서 이 광경을 지켜보며 기다리고 있던 어부들이 모두 다가와 베드로를 감쌌다. 그리고 베드로의 어깨를 두드리고 등을 치며 말했다.

"베드로! 자네 정말 고단수 사기꾼이구만! 물고기의 습성을 손바닥 들여다보듯 훤히 알면서도 우리를 그렇게 가지고 놀았단 말인가! 아무튼 자네는 이 바닥 갈릴리에서는 가장 훌륭한 어부로 손색이 없네!"

그렇지만 베드로는 이상하게 침묵하며 말이 없었다. 다만 오늘밤 마을 집집마다 주는 경품이니 물고기를 모든 사람에게 나누어주라는 말만 했다. 그리고 그후로 그는 한마디 말도 하지 않았다.

한편 예수님은 홀로 산으로 올라가셨다.

● 주님 앞에 내세울 만한 것은 무엇인지 깊이 생각해 보십시오.

● 자신의 능력을 하나님 앞에서 과신한 적은 없습니까?

우월하고 싶은 마음

　사람 마음은 족함이 없어 원하는 것이 끝이 없다. 사람들의 박수 소리를 원하고 또 성공과 명예를 바란다. 그저 좋은 것이라면 어떤 것이라도 상관없이 부족하지 않기를 바란다. 이뿐만 아니라 심지어 우리는 자기가 부러워하고 만나고 싶어 하는 대상과 배역을 서로 교환하고 싶어 한다.

　우리가 뭇사람들의 추앙을 받는 스타가 되고자 하는 것은 마치 수많은 몸매 가꾸기 제품들이나 피부 미용품들이 우리를 끌어들이는 것과 같다. 이것은 우리가 과거에 받아보지 못한 다른 사람들의 박수와 갈채를 받고 싶은 마음에서 비롯된다. 일단 몸매 가꾸기의 계획과 사용한 미용품이 효과가 없을 때 사람들은 보통 방향을 바꿔 다른 작전을 택한다. 예를 들면 자신의 지명도를 높이고 영향력을 행사하고자 혈안이 된다.

　"여보게! 자네는 지금 우리교회의 교인수가 얼마나 되는지 아는가?"

가볍게 커피를 한 잔을 마시고 있을 때, 우리는 다른 사람을 겁주면서 자신의 대단함을 나타내는 이같은 말을 우연히 듣게 될 때가 있다.

'남들에게 잘 보이면 그들이 자신을 좋아하겠지' 하는 전제하에 간 쓸개 다 빼주면서 세상 사람을 기분 좋게 하고자 연기를 하곤 한다. 사실 모든 사람들이 다 아는 것이지만, 명예와 재물을 추구하는 것은 사람마다 유명해지는 것을 좋아하는 것에 지나지 않는다.

그런데 이같은 가치관은 상상할 수 없는 나쁜 결과를 반드시 초래하게 된다.

만약 지명도와 영향력이 우리를 멋있게 보이게 한다면, 우리는 어떻게든 다른 사람을 깔아뭉개고 자신을 높여 다른 사람을 무대의 중앙에서 밀어내고자 안간힘을 쓰게 될 것이다. 만약 돈이 우리를 멋지게 보이게 한다면, 우리는 수단과 방법을 가리지 않고 다른 사람을 영원히 빈곤의 지경에 처하도록 할 것이다.

만약 선량함이 우리를 사랑스럽게 보이게 한다면 우리는 다른 사람이 악하기를 바라게 될 것이다. 사람들은 내심으로 곤경에 처에 있거나 특별히 도움이 필요한 주변 사람들이 없어지지 않길 바라는 경향이 있다.

만약 연약했던 그들이 강해지게 되면 도움을 주었던 자신의 우월함과 후광을 잃게 될 것이라고 생각하기 때문이다.

만약 영적인 능력과 은사가 우리를 돋보이게 한다면, 우리는 다른 사람의 부족한 선함과 진부함으로 인해 괜히 우쭐거리며 뽐내게 될 것이다. 만약 미모가 우리를 매력있게 한다면, 우리는 다른 사람의 못생김을 기뻐하게 될 것이다.

그런데 이 모든 것들은 당연히 잘못된 것이다. 심지어 사악하기까지 하다. 이런 것들은 사람 스스로를 우월하다고 확신토록 하는 극한상황으로 몰아넣고, 결국은 질투와 근심의 병을 유발시키기 때문이다.

이야기의 달인 명사수가 되라

이는 내 생각이 너희의 생각과 다르며 내 길은
너희의 길과 다름이니라 여호와의 말씀이니라
이는 하늘이 땅보다 높음 같이 내 길은 너희의
길보다 높으며 내 생각은 너희의 생각보다 높
음이니라 이사야 55:8,9

한 귀족이 있었다. 그는 한 사관학교에 자기 아들을 입학시켜 사격술을 배우도록 했다. 5년 후 그의 아들은 익혀야 할 모든 사격술을 배웠다. 그는 사격술이 다른 학생들보다 뛰어나 증서와 금메달을 수여받게 되었다.

졸업 후 집으로 돌아오는 길에 그는 자신과 말이 쉬어가기 위해 한 마을에 머물렀다. 마을 앞마당에서 그는 마구간의 한쪽 벽에 분필로 표시한 수많은 동그라미가 있는 것을 발견하였다. 그런데 동그라미의 한가운데마다 총알구멍이 있는 게 아닌가.

젊은 귀족은 너무나 놀라서 동그라미를 하나하나 주의 깊게 보고 나서 마음속으로 생각했다.

'도대체 어떤 명사수이길래 이처럼 정확히 한 치의 오차도 없이 조준했단 말인가? 그 사람은 어느 사관학교를 다녔고 어떤 사격메달을 받았단 말인가?'

그는 다시 좀 더 생각했다.

'이 마을에서 나의 적수를 찾았군! 도대체 누구인지 반드시 찾아내야겠다.'

수소문 끝에 그 명사수를 찾아내었다. 그런데 예상 밖의 일은 그 명사수가 맨발에 누더기 옷을 입고 있는 유대인 남자 아이였다는 것이다. 귀족 청년은 남자 아이에게 물었다.

"사격술이 이렇게 좋은데 누가 네게 가르쳐 주었니?"

남자 아이는 능청스럽게 어깨를 으쓱이며 가볍게 설명했다.

"이것은 무척 간단하죠. 나는 먼저 벽을 향하여 사격을 하지요. 그런 후에 분필을 가지고 각각의 총알구멍을 중심으로 동그라미를 그리지요!"

하나님 말씀을 잘 전하려면…

이야기를 잘하기 위해서 반드시 적절하고 특정한 주제를 찾을 필요는 없다. 하지만 좋은 이야기나 의미가 깊은 격언을 들을 때면 마음에 기억해 놓고 언젠가는 그 이야기에 적절한 주제를 찾아 어떤 진리의 교훈과 가르침에 사용하면 된다.

이야기를 잘하는 사람이 되기 위해서는 반드시 먼저 잘 듣는 사람이 되어야 한다. 좋은 이야기가 있는 장소에는 항상 청중이 많다.

하나님 말씀을 전하는 설교자도 이야기를 전하는 사람이다. 전하는 내용이 하나님에 관한 이야기이기 때문에 어떻게 이야기를 통해 설교를 해야 할지 하나님의 방법을 모색해야 한다. 왜냐하면 하나님은 가장 위대한 이야기꾼이기 때문이다.

엘리 위젤(Elie Wiesel)은 "하나님이 인간을 창조하신 이유는 그분이 이야기를 좋아하시기 때문이다."라고 말했다. 하나님의 이야기는 우리의 이야기에 도전을 준다. 하나님의 이야기는 우리 눈앞에 보이지 않는 세계를 밝혀준다. 그것은 우리가 생각하기에 극복할 수 없는 장애물을 무너뜨린다. 또한 그것은 우리를 황량하고 고독한 지경에 처하게도 하고, 우리를 참신하고 더 깊은 관계 속으로 이끈다. 우리가 이야기꾼이신 하나님께 충성을 다하는 유일한 방법은 그분의 이야기에 귀를 기울이는 것이고 반복해서 이야기를 하는 것이다. 또 다른 가능한 방법은 다른 사람에게 나를 하나님 앞으로 인도하신 이야기를 들려주는 것이다.

"이것은 무척 간단하죠. 나는 먼저
벽을 향하여 사격을 하지요.
그런 후에 분필을 가지고 각각의
총알구멍을 중심으로 동그라미를
그리지요!"

27 당신의 이야기, 그분의 이야기

악인은 그의 길을, 불의한 자는 그의 생각
을 버리고 여호와께로 돌아오라 그리하면
그가 긍휼히 여기시리라 우리 하나님께로
돌아오라 그가 너그럽게 용서하시리라
이사야 55:7

하나님은 위대한 이야기꾼이시다.
그분의 이야기에는 치료와 격려와
깨우침과 구원의 능력이 있어
곤란에 처해있는 사람에게 가능성의 문을 열게 한다.

랍비 이삭이 세상을 떠나던 날, 그는 모든 제자들에게 한 가지씩 일을 맡겼다. 그들이 스승의 이름을 받들어 스승의 못다한 일을 계속 이어가도록 하기 위함이었다. 그리고 마지막 제자를 불러 유럽 전역을 돌아다니며 스승에게 들은 이야기를 새롭게 사람들에게 들려주도록 했다. 그 제자는 스승의 말을 듣고 무척 실망했다. 이 일이 별로 영광스럽게 느껴지지 않았기 때문이다.

"자네가 이 일을 영원히 할 것은 아니고, 때가 되면 하는 일을 마치라는 암시가 있을 것인데 이렇게 하면 자네는 남은 생을 잘 보낼 수 있을 것이네."

제자는 이야기 전하는 길로 들어서게 되었다. 그는 달이 바뀌고 해가 가는지도 모르고 날마다 이야기를 전했다. 세상의 모든 골목마다 이야기를 모두 전했다고 생각될 때까지 줄기차게 전했다. 그런데 얼마 후에 이탈리아의 한 귀족이 금 한 냥으로 새로운 이야기를 사고 싶어 한다는 말을 듣게 되었다. 그는 귀족의 성읍으로 가서 특별히 자신의 재능을 마음껏 발휘하고 싶었다. 막상 귀족 앞에 서자 그는 안절부절하였지만 힌 가지 이야기를 귀족에게 들려주었다.

"어느 날 랍비 이삭이 한 제자에게 말을 채비하도록 지시했습니다. 곧 터키로 여행을 떠나기 위함이었지요. 그때가 마침 부활절 기간이어서 거리거리마다 부활절 장식으로 꾸며져 있었습니다.

하지만 제자는 터키 여행을 떠나는 일이 매우 실망스러웠습니다. 기독교 명절과 부활절이 되면 유대인들은 가장 불안해졌기 때문입니다. 그들은 '하나님을 죽인 살인범'으로 낙인찍혀 으르렁거리는 기독교인들로부터 언제나 경멸의 대상이 되어 있었을 뿐만 아니라 부활절의 성대한 경축 풍속 중의 한 가지가 바로 그리스도의 죽음을 갚으려 한 명의 유대인을 죽이기 때문이었습니다.

하지만 랍비 이삭과 제자는 터키로 갔습니다. 그들이 유대인의 구역으로 들어섰을 때 모든 유대인들이 집집마다 문을 걸어 잠그고 집안에 숨어있는 것을 보았지요. 그들은 이렇게 격리되어 있다가 부활절 절기가 끝나야 비로소 집밖으로 나가 안전하게 거리를 거닐 수 있었습니다.

그러나 랍비 이삭은 그 유대인들처럼 숨지 않았지요.

생각해보십시오! 그가 자신을 드러내며 유대인이 거주하는 모든 집의 창문을 열고 아무 두려운 기색 없이 보란듯이 창문 앞에 당당하게 서있는 모습을요!

그리고 얼마나 그들을 놀라게 했으며 등골이 오싹하고 식은땀이 나게 했겠는가를요!

랍비 이삭은 마침 부활절 행렬을 인솔하여 가는 주교의 모습을 창밖으로 내다보고 있었어요. 주교는 마치 왕자처럼 화려한 복장으로 치장을 하고 있었지요. 금색의 제사장 옷을 걸쳤으며, 은색 왕관을 쓰고, 조각된 지

휘봉을 들고 위풍당당히 지나가고 있었습니다.

이삭은 그의 제자에게 말했습니다.

"가서 주교께 내가 만나 뵙고 싶어 한다고 여쭙게!"

제자는 몹시 놀랐습니다. 그리고 마음속으로 이렇게 생각했죠.

'저 분이 미치셨나?! 죽지 못해 안달나신 거 아냐?'

그런데 제자 된 몸으로 스승의 명을 차마 거역할 수 없었습니다. 어쩔 수 없이 체면을 무릅쓰고 주교를 알현하고 랍비 이삭이 만나 뵙고 싶어 한다는 기별을 전했습니다.

주교는 그 청을 듣고 한편으로 의아해하고 한편으로는 흥분하며 랍비의 요청에 응했습니다. 뿐만 아니라 그와 세 시간 동안 단독 면담을 했지요.

면담을 마치고 나온 이삭은 한 마디 말도 하지 않았으며, 오직 제자에게 한 가지 분부만을 했답니다.

"우리 집으로 돌아가세!'"

제자는 이야기를 마친 후 그리 흥미 있을 것 같지 않은 이야기를 귀족에게 들려준 것 같아 미안한 마음이

들었다. 그러나 그 이야기는 귀족에게 엄청난 감동을 안겨 주었다. 귀족은 눈물을 글썽이더니 마침내 대성통곡했다. 그리고 잠시 후 마음의 안정을 애써 찾으며 흐느끼며 천천히 입을 열어 말했다.

"오! 제자여, 당신의 이야기가 방금 나의 영혼을 구했다오! 그때의 그 주교가 바로 납니다. 나는 본래 그 유명한 랍비 가문의 후예였지요. 그러나 긴 세월의 큰 핍박을 겪고 난 후, 나는 기독교로 개종했지요. 기독교인들은 당연히 기뻐하고 즐거워했소. 심지어 나를 주교로 임명했지요. 나도 기독교의 모든 것을 받아들였소. 매년 그들과 함께 유대인을 죽이는 일도 거리낌 없이 말입니다.

그러다가 그 부활절 축제의 전날 밤 한 꿈을 꾸었는데 심판의 날에 관한 꿈이었지요. 나의 영혼이 위험의 경각에 처해 있었습니다. 그때 당신이 와서 랍비 이삭이 나를 만나보고 싶어 한다는 연락을 해왔을 때 나는 이미 선택의 여지가 없이 반드시 당신과 함께 가야 함을 알았지요. 나는 랍비와 세 시간 동안 대화했고 그는 내 영혼이 구원받을 희망이 아직 있음을 말해 주었습니다. 그는 내가 덕행을 중시하고, 바로 퇴임하여 성결하고 선을 행하는 삶을 살라고 했습니다. 마지막에는 그렇게 이렇게 말했습니다.

'어떤 사람이 당신 앞에 와서 당신에 관한 이야기를 할 터인데, 당신은 그때 당신의 죄가 이미 사함 받았음을 알게 될 것이요.'라고요.

그래서 그동안 줄곧 나를 아는 모든 사람들에게 랍비 이삭에 관한 이야기를 내게 해줄 것을 청했지요. 며칠 전 당신이 우리 성에 와서 내 앞에 나타났을 때, 나는 한눈에 당신을 알아보고 무척 기뻤답니다. 나는 이미 하나님께서 나를 용서하셨음을 알게 되었습니다."

● 하나님께서 당신의 모든 허물을 용서하셨음을 믿습니까?

● 주님 안에서 자유함을 누리고 있습니까?

하나님은 이미 용서하셨다

　하나님께서 우리를 구원하시기로 작정하셨을 때, 그분은 우리의 죄도 용서하시기로 작정하셨다. 그러나 그리스도인이 된 후에도, 회개를 한 후에도 하나님의 용서의 은혜를 깨닫지 못하고 죄에 메여 불행한 신앙생활을 하는 경우가 많다.

　목사님을 통하여 용서에 대한 메시지를 듣고도 믿음으로 받아들이지 못하여 죄책감에서 벗어나지 못하므로 영적성장을 할 수 없다.

　하나님은 은혜의 하나님이시다. 그분의 은혜는 우리의 전 인격적인 삶 가운데 역사하신다. 용서하시고 싸메시고 위로하시고 인간으로서는 할 수 없는 초월적인 사랑을 베푸신다.

　그런 하나님을 깨닫고 믿음으로 받아들이면, 우리의 영성은 더욱 깊어질 것이며, 하나님의 긴밀한 관계를 유지할 수 있을 것이다.

석공의 소원

우리가 무슨 일이든지 우리에게서 난 것 같이
스스로 만족할 것이 아니니 우리의 만족은 오
직 하나님으로부터 나느니라 고린도후서 3:5

족은 마음에 꼭 드는 것을 가리키는 것이 아니라
감사의 마음으로 충심으로 그리고 효과적으로
우리가 소유하고 있는 것을 활용하는 것이다.
그 결과는 때때로 우리의 상상을 초월한다.

옛날에 한 석공이 있었다. 그는 자기의 지위에 대해 몹시 못마땅했다.

하루는 그가 한 부자 상인 집을 지나치게 되었는데 확 열린 대문 사이로 수많은 재산과 귀한 손님들을 보게 되었다.

'저 돈 많은 사람은 분명 대단한 사람이겠지!'

석공은 이렇게 생각했다. 그는 마음에 부러움이 가득하여 그 상인같이 되기를 바랬다. 그렇게 되면 다시는 일개 석공이 되지 않아도 된다고 생각한 것이다.

갑자기 뜻밖에도 그는 진짜로 그 상인이 되었다. 그

리고 아무리 누려도 바닥나지 않을 사치스러움과 화려함과 권력은 그가 생각했던 것보다 훨씬 더 많았다. 하루아침에 그는 그의 아랫사람들의 시기와 미움의 대상이 되었다. 그러나 얼마 못 가서 그는 가마를 타고 지나가는 고관대작을 보게 되었다. 사람들이 가마를 들고 그의 옆에는 종들이 수행하고 병졸들이 호위하고 있었다. 아무리 돈이 많은 사람도 모두 굽실거리며 그에게 아첨하는 것을 보았다.

'그 양반 진짜 대단하군!'

그는 마음속으로 생각했다.

'나도 고관대작이 되었으면 얼마나 좋을까!'

그런 후 그는 진짜로 그 고관대작이 되었다. 사람들이 비단 가마에 그를 태우고 도처로 돌아다녔다. 찌는 듯이 무더운 여름 날 그는 가마 속에 앉아 온 몸이 끈적끈적하여 몹시 불쾌했다. 그가 위를 보니 하늘 높이 걸려있는 태양이 보였는데 태양은 더위와는 아랑곳하지 않게 보였다.

'태양은 정말 대단하군!' 이라고 마음속으로 생각

했다.

'내가 태양이 되었으면 얼마나 좋을까?'

그는 진짜로 태양으로 변했다. 뜨거운 햇볕으로 각 사람을 비추었다. 그런데 검은 먹구름 한 점이 그와 육지 사이에 날아 들어와 그의 빛이 다시는 지면을 쪼이지 못하게 되었다.

'구름은 정말 대단하군!' 마음속으로 생각했다.

'내가 구름이 되었으면 얼마나 좋을까!'

그러고 나서 그는 그 구름으로 변했다. 그 후 얼마 지나지 않아 그는 자기가 어떤 강력한 힘에 의해 밀려가는 것을 발견했다. 알고 보니 그것은 바람이었다.

'그것 참 대단하군!' 그는 마음속으로 생각했다.

'내가 그 바람이 되었으면 얼마나 좋을까!'

과연 그는 그 바람이 되었다. 얼마 지나지 않아 그는 물건을 한 번 불어 보았지만 도무지 오물짝달싹도 하지 않았고 아무리 힘을 써도 큰 돌이 우뚝 서서 움직이질 않았다.

'이 돌덩이 참 대단하군!' 생각을 바꿔 먹었다.

'내가 돌덩이가 되었으면 얼마나 좋을까!'

그는 그 돌덩이로 변했다. 땅 위의 그 어떤 물건보다 대단하게 생각되었다. 그런데 그가 산위에 우뚝 솟아 있을 때 망치가 정을 때려 돌 안으로 파고드는 소리를 듣게 되었다. 그는 돌이 된 자신의 몸에 변화를 느꼈다. 그러나 스스로 안위하였다.

'어떤 것이 돌인 나보다 더 대단하단 말인가?'

그가 자신의 몸이 쪼개져가는 것도 모른 채 아래를 내려다보고 있을 때, 한 석공의 그림자가 그의 아래에 있는 것이 보였다.

- 모든 것이 만족하다는 생각을 진심으로 하신 적이 있습니까?
- 하나님께서 정하신 계획이 아름답다고 고백하신 적이 있습니까?

만족이란?

　만족이란 마음에 꼭 드는 것을 말하는 것이 아니라 감사의 마음 그리고 충심으로 또 효과적으로 우리가 소유하고 있는 것을 그것이 많든 적든 잘 활용하는 것이다. 진정한 만족은 주님의 잔을 마시는 것이고 주님의 이름을 부르는 것이다.

　족함을 아는 것은 우리를 자유롭게 하고 현재의 삶에 활기를 준다. 자기를 내려놓고 다시는 우리 영혼의 가장 깊은 갈망을 위해 결코 만족시킬 수 없는 우상을 쫓지 않도록 해준다.

　우리는 하나님이 우리를 사랑하신다는 사실을 믿도록 하자. 그분이 우리에게 정하신 계획은 아름답고 선하며 악의가 없다. 그분께서 우리에게 보장하는 것은 희망이 가득한 미래이다.

프라하 보물찾기

우리 하나님 여호와께서 우리가 그에게 기도
할 때마다 우리에게 가까이 하심과 같이 그 신
이 가까이 함을 얻은 큰 나라가 어디 있느냐

신명기 4:7

어느 날 밤, 어떤 사람이 랍비 이삭의 꿈에 나타나 프라하에 가서 황궁으로 통하는 다리 밑에서 보물을 캐라는 분부를 했다. 이삭은 뭔가 특별한 메시지가 있는 것 같아 즉시 채비를 갖춰 프라하를 향해 출발했다.

너무나 먼 길을 산 넘고 물 건너 마침내 프라하에 도착했다. 그는 황궁으로 통하는 다리에서 밤낮으로 경비병이 경비를 서고 있음을 알게 되었다. 다리 밑으로 내려가 보물을 파낼 기회를 얻기가 어려워보였다.

이삭은 매일 이른 새벽 그 다리로 가서 밤이 될 때까지 왔다 갔다 배회했다. 그를 오랫동안 눈여겨보던 경비대장이 이상히 여겨 마침내 그에게 정중히 물었다.

"무슨 물건을 찾고 계신지요? 아니면 어떤 사람을 기다리는지요?"

랍비 이삭은 자신이 꾼 꿈과 어떻게 먼 길을 산 넘고 물 건너 이 이국까지 오게 되었는지 빠짐없이 모두 경비대장에게 들려주었다. 대장은 귀를 기울여 자세히 들은 후 고개를 하늘로 젖히며 한바탕 크게 웃으며 말했다.

"이 꿈을 성사시키기 위해서 어르신은 그 먼 곳에서 여기까지 오셨단 말이요? 신고 계신 신발 밑창까지 다 닳아졌군요. 가엽기도 하셔라! 내가 보기에 어르신은 그 꿈에 대한 믿음이 대단하신 것 같군요. 만약 나에게도 어르신과 같은 믿음이 있다면 아마 나도 먼 길을 산 넘고 물 건너 크라커라는 폴란드 남부의 큰 도시, 랍비 이삭의 고향에 가서 거기 있는 한 유대인 집안의 부뚜막 안에 있는 보물을 캐낼 것이요!"

그는 다시 크게 웃었다.

경비대장의 말을 진지하게 듣고 난 후, 랍비 이삭은 그에게 허리를 굽혀 절을 했다. 그리고 나서, 즉시 그곳을 떠나 집으로 돌아왔다.
후에, 랍비 이삭은 바로 그 부뚜막 자리에 "기도의 집"을 지었다.

● 하나님께서 가까이 계신다는 직접적인 체험을 한 적이 있습니까?
● 너무나 멀리서 하나님의 뜻을 찾고 있는 것은 아닙니까?

가까이 계시는 하나님

이 이야기는 오늘날을 살아가는 성도들의 영적 생활과 견주어 보게 한다.

우리는 궁핍가운데 맹목적으로 더 나은 삶을 찾아 헤맨다. 하지만 우리가 발 딛고 있는 곳이 어디며 바로 거기에 이루 말할 수 없이 풍부한 보물이 묻혀있다는 사실을 전혀 모르고 있다. 우리는 자신의 주변에서 보물을 발견할 수 있다. 이 보물은 무슨 비밀스러운 것이 아니다. 바로 가장 평범하고 우리의 시선을 끌지 않는 곳에 숨어 있다.

불행히도 우리는 늘 정처없이 떠돌아다니는 고아와 같이 살아간다. 도처에 갈만한 곳도 찾고 삶을 윤택하고 유익하게 할 만한 것을 찾아다닌다.

그러나 하나님은 하늘에 계실 뿐만 아니라 이 땅에도 계신다. 진정한 영적임은, 느낄 수 있는 이 땅의 것 즉 하나님께서 창조하신 세계에 뿌리를 내리고 있다.

진정한 영적생활은 세상에서 뿌리를 내리고 비천함과 속세 중에서 신앙을 지키는 것이다. 하나님께서 육신이 되어 세상에 오셨고, 우리가 세상에 살 동안 부단히 우리 가운데 임하시므로 모든 삶이 비로소 의미가 있는 것이다.

땅은 하늘로 인해 충만하고, 하늘은 땅으로 인해 충만하고, 하늘과 땅은 서로 조화되어 있어 하나도 낭비된 것이 없고 하나도 잃어버리지 않으며 하나도 속되지 않는다. 마치 유진 피터슨이 "하나님은 문제 많은 인류를 우회하여 천국의 지름길을 가지 않으셨다. 모든 곡식도 영적임을 나타내기 위해서 존재한다."라고 말한 것처럼.

만일 우리가 우리 가까이에 있는 보물을 놓치게 된다면 우리와 하나님, 우리와 이웃, 그리고 우리와 자기 자신과의 관계가 모두 메말라 비틀어지는 지경에 처하게 될 것이다.

그분은 당신을 절대로 안 가라앉게 할 것이다

그가 위에서 손을 내미사 나를 붙드심이여 많은 물에서 나를 건져내셨도다 사무엘하 22:17

만일 하나님이 원하신다면
언제 어디서든 불가사의한 방법으로
우리들의 삶에 개입하실 수 있다.

우리는 많은 일들에 대하여 마음속의 생각을 하나님의 생각이라고 간주하고, 자신의 기대와 이상이 하나님의 기대와 이상이라고 유추하곤 한다.

일반적으로 그리스도인들이 가장 자주 범하면서 어렵게 인정하는 죄 중의 하나가 바로 하나님을 가축처럼 길들이는 것이다. 우리들의 기대에 따라 구축한 하나님을 자기 마음속에 기르는 것이다.

어느 날 새벽 어떤 목사가 '하나님의 돌보심'이라는 주제로 설교를 준비하고 있었다. 목사는 교인들이 하나님의 전능하심을 알고, 또 모든 일들이 하나님의

돌보심과 주관하심 가운데 일어난다는 사실을 알기를
바랐다. 그런데 목사는 갑자기 폭발음과 같은 소리를
듣게 되었다. 곧이어 수많은 사람들이 황급히 도망가는
것을 보았다. 알고 보니 근처 저수지의 제방이 무너져
물이 넘쳐흐르고 주민들이 신속히 그곳을 떠나는 것이
었다.

목사는 강물이 맹렬히 흘러 가까운 길거리에까지
이른 것을 보았다. 그는 두 손바닥을 서로 비비며 점점
창백해지는 얼굴색과 구겨지는 주름살을 감출 길이 없
었다. 하지만 목사는 스스로에게 말했다.
"나는 지금 하나님이 반드시 돌보시고 보살펴 주신
다는 설교를 준비하고 있다. 이 순간 나는 기쁘게 이곳
에 남아야 한다. 하나님이 나를 구해주실 것을 믿기 때
문이다."

강물이 창틀을 넘어 들어올 바로 그때 그는 창가에
서 있었다. 그때 사람들을 가득 실은 배가 지나가고 있
었다. 많은 사람들이 그를 불렀다.

"목사님, 빨리 올라타세요!"

그는 믿음이 가득한 목소리로 그들을 향해 말했다.

"저는 하나님의 돌보심을 믿습니다. 그분께서 반드시 구해 주실 것입니다. 여러분들이나 어서 가십시오!"

강물이 급속히 불어났다. 목사는 부득이 교회의 지붕으로 기어 올라갈 수밖에 없었다. 그 때 한 화물선이 지나가고 있었다. 배위의 사람들이 급하게 목사를 부르며 말했다.

"목사님! 물살이 너무 셉니다. 빨리 피하세요!"

목사는 다시금 말했다.

"여러분, 나의 생명은 그분의 손안에 있어 매우 안전합니다."

얼마 안 되어 목사는 큰물 때문에 지붕 위의 종각으로 올라가야했다. 그는 십자가를 힘껏 붙들었다. 큰물이 자기의 무릎까지 차오르는 것을 보았다. 그때 또 다른 기선이 다가왔다. 구조원이 손을 내밀어 목사를 구하고자 했다. 하지만 목사는 냉정한 말투로 안면에 미소를 지으며 말했다.

"당신이 알다시피 저는 하나님을 믿는 사람입니다. 그분은 절대로 저를 안 가라앉게 하실 겁니다."

얼마 후 목사는 물속으로 빠졌다.

천국에 간 목사는 제일 먼저 하나님의 보좌 앞에 무릎 꿇었다. 그리고 하나님을 원망하며 말했다.

"저는 그토록 하나님을 믿고 의지했습니다! 하나님의 돌보시고 보살피심에 관한 진리를 설교하고 실천했습니다. 그런데 주님은 왜 손도 내밀지 않았습니까? 왜 저를 도와주지 않으셨어요?"

하나님께서 대답하셨다.

"애야, 나는 배를 세 척이나 보내서 너를 구하고자 했단다. 그런데 네가 그 도움을 뿌리쳤단다."

- 하나님께서 내미신 손을 깨닫지 못하고 뿌리친 적은 없는지 생각해 보십시오.
- 삶속에 동행하시는 하나님을 체험한 적이 있습니까?

삶 가운데 일하시는 하나님

　하나님께 대한 우리의 한 가지 잘못된 기대는 바로 하나님이 마땅히 영웅적인 모습과 기적적인 방법으로 임무를 완성하셔야 한다고 생각하는 것이다.

　우리 대부분은 하나님의 운행하심과 하시는 일이 드라마틱해야 하고 일생 동안 잊지 못할 정도로 너무 신기하여 사람을 놀라게 해야 한다고 생각한다. 높고 크고 능력 많으신 하나님이 어떻게 하찮은 방식으로 일을 행하실까 의아하게 생각한다.

　하나님은 영화 스크린 속의 어려움을 해결하는 영웅이나 슈퍼맨 혹은 무적의 킹콩이 아니시다.

　하나님의 돌보심과 관리하심은 어떤 때를 막론하고 계속 불가사의한 방법으로 우리의 삶에 개입하신다. 하나님은 능히 세상의 평범한 생활 가운데 일하신다는 것을 믿어야 한다. 그것이 바로 은혜다!